Jiyu Bianyi Xuexi Lilun de
Tiyu Jiaoxue Neirong Yanjiu

基于变易学习理论的
体育教学内容研究

张 磊 ◎著

中国财经出版传媒集团

经济科学出版社
Economic Science Press

·北京·

图书在版编目（CIP）数据

基于变易学习理论的体育教学内容研究／张磊著．
北京：经济科学出版社，2024.9. -- ISBN 978 - 7 -5218 -
6171 -6

Ⅰ. G807.01

中国国家版本馆 CIP 数据核字第 2024VD0941 号

责任编辑：周国强
责任校对：蒋子明
责任印制：张佳裕

基于变易学习理论的体育教学内容研究
JIYU BIANYI XUEXI LILUN DE TIYU JIAOXUE NEIRONG YANJIU
张 磊 著

经济科学出版社出版、发行 新华书店经销
社址：北京市海淀区阜成路甲 28 号 邮编：100142
总编部电话：010 - 88191217 发行部电话：010 - 88191522
网址：www. esp. com. cn
电子邮箱：esp@ esp. com. cn
天猫网店：经济科学出版社旗舰店
网址：http：//jjkxcbs. tmall. com
北京季蜂印刷有限公司印装
710 × 1000 16 开 12. 25 印张 180000 字
2024 年 9 月第 1 版 2024 年 9 月第 1 次印刷
ISBN 978 - 7 - 5218 - 6171 - 6 定价：72. 00 元

本书系广州体育学院 2023 年度青年博士资助类科研项目"体育教学内容变易论"（7230180239）研究成果。

目　录

第一章

导　论

第一节　选题缘由

一、缘于对提高体育教学育人质量的深度思考

当今，核心素养已成为世界各国教育领域最受关注的热词之一。聚焦"核心素养"、培育"核心素养"，是世界各国教育理论研究和实践变革的新趋势。

由《教育部关于全面深化课程改革 落实立德树人根本任务的意见》（2014 年）第一次正式

提出"核心素养",强调"将学生发展核心素养作为全面深化课程改革、落实立德树人根本任务的关键领域和重要环节"①,到 2016 年 9 月 13 日以培养"全面发展的人"为核心,包括"文化基础、自主发展和社会参与"三大领域,综合表现为"人文底蕴、科学精神、学会学习、健康生活、责任担当、实践创新"6 种素养,并具体细化为"国家认同"等 18 个要点的中国学生发展核心素养框架与内容正式发布②,再到把培养学生的学科核心素养作为体育课程出发点和落脚点的《普通高中课程方案(2017 年版)》《普通高中体育与健康课程标准(2017 年版)》由教育部正式颁布,以及由教育部于 2019 年 1 月 3 日正式启动的义务教育课程修订工作,标志着从"知识本位"的体育课程与教学价值取向到"技能本位"的体育课程价值取向,再到"核心素养本位"的体育课程价值取向的成功迭代升级,预示了当前我国体育教育与课程教学已经进入了一个着力促进学生体育学科核心素养发展的新时代。所谓的体育学科核心素养又称为体育与健康学科核心素养,是"体育与健康学科育人价值的集中体现,是在一段教学时间内,学生通过学习体育与健康课程,而逐步形成的正确价值观念、必备品格与关键能力"③。

充分发掘体育课程与教学的特色育人价值,培育具有体育核心素养的时代新人,迫切需要高质量的体育课程与教学。然而,长期以来,体育课程与教学质量不尽如人意、饱受诟病。尽管学界对如何切实提高体育课程与教学的品质提出了一些真知灼见,但问题依然有待进一步彻底解决。通过回顾、反思我国体育课程与教学改革的历史,发现存在着过于偏重教学理念目标、教学方法模式、教学评价等因素的改革与创新,而忽视甚至轻

---

① 教育部关于全面深化课程改革 落实立德树人根本任务的意见 [EB/OL]. http: //www. moe. edu. cn/publicfiles/business/htmlfiles/moe/s7054/201404/167226. html.

② 汪瑞林,杜悦. 凝练学生发展核心素养 培养全面发展的人:中国学生发展核心素养研究课题组负责人答记者问 [N]. 中国教育报,2016 – 09 – 14(9).

③ 中华人民共和国教育部. 普通高中《体育与健康课程标准》(2017 年版)[M]. 北京:人民教育出版社,2018:2 – 4.

视对"体育教学内容"这个更为根本、更为核心要素的关切和革新的问题。这一遗憾与缺失势必会造成体育教学内容实践与认识上的局限、盲区或误区。

体育教学内容作为影响体育课程与教学质量最为重要的核心要素，一端联结着体育课程教学的目标，另一端联结着体育课程教学效果的评价，又直接关系着体育课程与教学方法、手段、模式的选择与优化，是影响新时代体育学科"为谁培养人、培养什么人、怎样培养人"这一根本问题最为密切的核心要素，直接决定着体育学科立德树人、培育时代新人等核心目标能否真正实现。从这个意义上说，高质量的体育教学内容是新时代实现高质量体育课程与教学的基础和核心。

因此，在当前全面深化学校体育改革，落实体育学科"立德树人"根本任务，切实提高体育课程教学品质，聚力培育具有体育核心素养的中国特色社会主义建设者和接班人，加速推进学校体育教育现代化的多重时代背景下，迫切需要更加重视"体育教学内容"这个更为根本、更为重要的核心要素，持之以恒地推进体育教学内容的理论与实践创新。

二、缘于对体育教学内容实践误区的现实关切

学生体育核心素养的发展并非一蹴而就，对其培养是一个持续、渐进、系统化的教化过程。[①] 为了达成"落实新课标、发展学生的体育学科核心素养"的目标，客观上要求深度思考并须明确回答：小学—初中—高中各学段体育与健康课程究竟"应该教与学什么""实际上最好教与学什么""教与学多少""教与学到什么程度""实际上最好用什么去教学"等一系列重大核心问题，这是当前广大中小学体育教师面临的亟待破解的困惑和

① 张传燧，邹群霞. 学生核心素养及其培养的国际比较研究［J］. 课程·教材·教法，2017，37（3）：37-44.

难题。

长期以来，我国体育课程与教学的内容体系建设滞后于体育课程理念、体育课程教学方法、体育课程教学评价的革新是不争的事实，至今依然存在着诸多的乱象与流弊。突出表现在"不知道教什么、教多少、教多深"，以至于"想教什么就教什么""能教什么就教什么""学生喜欢什么就教什么""领导指示教什么就教什么""考什么就教什么""教多少算多少"，甚至"什么不教也能混"，还可以美其名曰"科学化放羊"。结果便是作为学校基础教育中一门公共必修课程，体育教学内容既无法面向全体学生，也无法观照到学生的个体差异，不能充分、有效地满足学生身心健康全面发展的多样化、个性化、高层次的内容需求，一定程度上造成了学生"喜欢体育却不喜欢上体育课"的后果，尤其是当体育课因体育教师出差、"被生病"等种种缘由而被迫取消时，学生"振臂、跳跃、尖叫、欢呼"已成为一种司空见惯的常态，以至于体育课教学呈现出一种"无强度、无对抗、无冲撞，不出汗、不脏衣、不喘气、不摔跤、不擦皮、不受伤、不长跑"的"三无七不"新常态，导致学生体育课上"学不会、学不懂、学不乐""12 年体育必修课却无法熟练掌握 1~2 项运动技能"，严重影响到体育课教学目标的有效实现和教学品质的切实提高。

苏格拉底说："未经审视的人生不值得过。"上述诸多简单化、随意化甚至错误的做法及其造成的不良后果，究其根源则在于，当前对体育教学内容的理论认知依然存在着一知半解、不解甚至是误解，尚难以全面、有效地回应和解释我国体育课程与教学实践所面临的多重困境与现实挑战，更无法科学引领一线体育教师的课程与教学实践革新。因此，进一步强化与深化对体育教学内容"是什么""为什么""怎么做"等重要核心内容的研究，一方面是新时代推进体育课程教学理论创新的需要，另一方面则是实现高质量体育课程教学效果的客观要求。

三、缘于对体育教学内容认知困惑的理论反思

理论是实践的先导和指南。缺失先进理论指导的实践，很可能是盲目、低效的。检视我国体育教学内容理论研究的既有成果，发现在研究视角、研究内容、研究方法、研究成效等方面均存在诸多的问题与不足，难以全面、有效地回应和解释我国体育教学内容实践所面临的多重困境与现实挑战。

譬如，体育教学实践中较为普遍地存在着将"体育教材内容"误读、误解、误判为"体育教学内容"，以致呈现出"教教材"而不是"用教材教"的教学形态并习以为常，却一直未能得到足够的重视、反省与消除。诸如此类的核心概念指称混乱、使用随意化、理论反思不足、共识难达等问题，不一而足。显然，在体育教学内容领域还存在一些悬而未决的问题，我们对体育教学内容的认识和理解还存在着大量的未知之谜、未解之惑、未明之理。这些理论研究上的缺失与不足，无疑使既有研究成果之间充满沟壑、纷争，既不利于学术有效对话与理论推进，也不利于实务困惑的消弭和"以体育人"成效的彰显。原因就在于，实践的成效取决于理论的科学性和先进性。正所谓，唯有知其所是，才能更好地成其所是。

鉴于此，本研究直面喧闹、时尚、纷繁的教改理念与口号，正视普遍客观存在的教学实践流弊，秉持不回避、不漠视、勇于探索的态度，坚持理论与实践的汇通，聚焦高质量体育课堂教学发展，重点强化对体育教学内容的理论探究，深化对体育教学内容的精细认知，是积极回应与满足新时代我国体育教学实践需求，切实提升体育教学质量与效率，加快推进中国特色学校体育教学现代化之路的关键所在和理论自觉。

第二节 文献述评

一、国内相关研究成果梳理

（一）关于体育教学内容"是什么"的主要研究概况

通过文献梳理，发现国内关于体育教学内容"是什么"的研究成果主要集中在三个方面：

1. 关于体育教学内容内涵的理论研究

如贾齐等（2004）在论文《作为"关系"的体育课程内容——以"教什么"和"用什么教"为中心》中以"教什么"和"用什么教"为中心考察了作为"关系"的体育课程内容。[①] 千少文（2013）在其博士学位论文《体育院校术科课程目标与内容及实施研究》中指出，"术科课程内容与术科教学内容是同一概念，是指依据课程目标而选择出来，是在特定教学训练环境下传授给学生的相关概念、原理、技能技巧、方法和价值观等"[②]。蔺新茂等（2014）的专著《体育教学内容论》认为体育教学内容是指"依据体育学科目标和地区体育发展方向选择出来的，依据学生身心发展和对体育知识学习的规律，符合某一历史阶段的具体教学条件和地域特征，进行加工的、在特定的体育教学环境中，传授给学生的关于体育的基本知识"[③]。贾洪洲（2017）的《"体育课程内容、体育教材内容、体育教学内容"内涵解析》认

[①] 贾齐，李捷.作为"关系"的体育课程内容：以"教什么"和"用什么教"为中心 [J]. 体育与科学，2004，25（2）：71-74.

[②] 千少文.体育院校术科课程目标与内容及实施研究 [D]. 北京：北京体育大学，2013：53-66.

[③] 蔺新茂，毛振明.体育教学内容论 [M]. 北京：北京体育大学出版社，2014：48-49.

为，"体育教学内容是体育教师依据具体教学情境，创造性地将体育教材内容在体育教学中应用的结果"①。

2. 关于体育教学内容结构分类的研究

如贾齐等（2000）在论文《论体育学科教学内容的双重性特征及实践性意义》中指出，"由同一名称和不同运动形态构成的统一体是体育学科教学内容所具有的双重性特征，某一教学内容的名称是该教学的观念性存在，不同运动形态是其现实性存在，二者共同构成同一教学内容内外的两个方面"②。毛振明（2002）在论文《体育教学内容的分类方法》中针对现有体育教学内容分类方法存在错位的"综合分类方法"等问题，提出"以教学目的进行体育教学内容分类"的方法。③ 葛丽华等（2003）在论文《普通高校体育教学内容"主体项目结构"研究》中，采用项目的运动负荷和学生的"心理体验"两维度分层取交集的方式，构建了普通高校体育教学内容的"主体项目结构"。④ 樊江波等（2011）的《从教学内容和教材的关系分析体育教学设计中存在的相关问题——观第四届全国中小学体育教学展示课有感》将体育教学内容分为"知识、技术、方法和体能"四大类。⑤ 张磊（2015）在论文《基于变易理论的体育教学内容分析及其设计策略》中发掘、阐释了体育教学内容的变易特性及其主要类型。⑥

---

① 贾洪洲."体育课程内容、体育教材内容、体育教学内容"内涵解析［J］.体育教学，2017（3）：22－24.
② 贾齐，周田敬，谭惜春.论体育学科教学内容的双重性特征及实践性意义［J］.体育与科学，2000，21（4）：44－47.
③ 毛振明.体育教学内容的分类方法［J］.体育学刊，2002，9（6）：8－11.
④ 葛丽华，丛湖平.普通高校体育教学内容"主体项目结构"研究［J］.中国体育科技，2003，39（11）：8－11.
⑤ 樊江波，项亮宏，刘坚.从教学内容和教材的关系分析体育教学设计中存在的相关问题：观第四届全国中小学体育教学展示课有感［J］.中国学校体育，2011（1）：20－21.
⑥ 张磊.基于变易理论的体育教学内容分析及其设计策略［J］.北京体育大学学报，2015，38（6）：95－101.

3. 关于体育教学内容历史演进的研究

如陈宁（2013）在论文《我国中小学体育教学内容选择的历史变迁路径与特征》中指出"体育教学内容的选择依据的变化是与当时的社会需要和教育发展紧密相关的"[①]。千少文（2013）在其博士学位论文《体育院校术科课程目标与内容及实施研究》中认为，"随着时间的推移，体育课程教学内容在编排和选择上表现出明显的社会适应趋势"[②]。卢锐彩（2015）在其硕士学位论文《当代中国学校体育教学内容演进的研究》中对我国学校体育教学内容三代七个阶段的历史演进进行了梳理，认为"我国体育教学内容的演进是一个由引进逐步过渡到自由选择的过程"[③]。张戈（2016）在论文《我国体育教学内容沿革分析》中将我国体育教学内容沿革划分为五个阶段。[④] 姜志明（2017）在论文《我国体育教学内容沿革分析》中指出，我国中小学体育教学内容呈现出"国家标准指导下的教学内容体系趋于完善、区域发展不平衡下教学内容选择出现分化"等特征。[⑤]

（二）关于体育教学内容"怎么做"的主要研究现状

通过文献梳理，发现国内关于体育教学内容"怎么做"的研究成果主要集中在四个方面：

1. 关于体育教学内容选择的研究

如张洪潭（2008）在论文《从体育本质看体育教学》中认为，"运动技

---

① 陈宁. 我国中小学体育教学内容选择的历史变迁路径与特征 [J]. 沈阳体育学院学报，2013，32（2）：116–120.
② 千少文. 体育院校术科课程目标与内容及实施研究 [D]. 北京：北京体育大学，2013：53–66.
③ 卢锐彩. 当代中国学校体育教学内容演进的研究 [D]. 西安：陕西师范大学，2015：25–26.
④ 张戈，蔺新茂. 我国体育教学内容沿革分析 [J]. 体育文化导刊，2016（7）：131–135.
⑤ 姜志明. 我国学校体育教学内容体系研究 [J]. 运动，2017（4）：9–10，51.

术是体育教学的知识主体，体育课要以运动技术的传授与学练为主旨"①。毛振明等（2010）在《论选择体育教学内容的依据、原则与方法》一文中提出，"有利于学生的学懂、学会、学健、学乐是选择体育教学内容的四个依据；选择体育教学内容应遵循教育性、健身性、乐趣性、文化性、可行性五大基本原则"②。于振峰等（2011）在论文《普通高校篮球课程内容资源的开发与应用》中强调，"篮球教学内容开发设计中，应将篮球运动技能教学内容的设计作为主体，将提高身心健康的目的渗透于具体的篮球技能和知识学习的过程之中"③。潘绍伟（2013）在《2011 年版义务教育体育与健康课程标准的理论与实施系列（五）：如何建构基于课程标准的学校体育与健康课程》一文中指出，"建构以学校为本的体育与健康课程教学内容应符合学生身心发展特点、适合教学实际条件等原则"④。于素梅（2013）在《走进新课标，确定新内容：如何合理把握新课标对不同水平段提出的教学内容建议（一）》中指出，"课程标准中的教学内容建议可以作为选择内容的重要依据，各水平段确定教学内容的难易度可以参考内容建议的难度分层，校本教材的教学内容可以参考课程标准中的教学内容维度设计"⑤。

2. 关于体育教学内容衔接的研究

如王崇喜等（2007）在论文《大中小学足球教学内容衔接问题研究》中提出，"构建大中小学足球教学内容体系时，要遵循实践性与综合性相结合、

---

①　张洪潭. 从体育本质看体育教学 [J]. 体育与科学, 2008, 29（2）: 81 – 86.

②　毛振明, 李忠诚. 论选择体育教学内容的依据、原则与方法 [J]. 中国学校体育, 2010（3）: 15 – 18.

③　于振峰, 吴晓丽. 普通高校篮球课程内容资源的开发与应用 [J]. 首都体育学院学报, 2011, 23（4）: 323 – 327.

④　潘绍伟. 2011 年版义务教育体育与健康课程标准的理论与实施系列（五）: 如何建构基于课程标准的学校体育与健康课程 [J]. 中国学校体育, 2013（3）: 11 – 13.

⑤　于素梅. 走进新课标, 确定新内容: 如何合理把握新课标对不同水平段提出的教学内容建议（一）[J]. 中国学校体育, 2013（4）: 55 – 58.

阶段性与可重复性相结合、统一性与灵活性相结合的基本原则，并要遵循学生身心发展和足球运动技能形成的基本规律"①。张瑞（2014）的《"目标树"视角下对我国大、中、小学体育教材中技能类教学内容衔接的研究——以篮球项目为例》中，通过设计项目"目标树"图，初步建立了"系统化"的体育教材内容编排方式。② 宋陆陆等（2016）在论文《大中小学篮球技术教学内容衔接问题的研究》中指出，"篮球教学内容的深度应该是递增的过程，大、中、小学篮球教学内容一体化应该遵循学生身体生长发育规律理论、认知发展阶段理论、动作发展规律等理论，设计出适合学生特点的篮球教学内容体系"③。朱利荣（2016）在论文《中小学体育课堂教学内容与教学方法有效衔接的实践研究》中指出，"解决中小学体育课堂教学内容与教学方法'断层'的实际问题，提高二者衔接的有效性，需要注重教材知识点的衔接，实现中小学系统化教学"④。

3. 关于体育教学内容体系建构的研究

邓小勇等（2004）在论文《体育教学内容体系构建的理性思考》中指出，"构建科学的体育教学内容体系是达成体育教学目标的重要基础，是一个牵涉面非常广泛的系统工程；选择体育教学内容时应该遵循实践性与知识性相结合、健身性与文化性相结合、民族性与开放性相结合、继承性与发展性相结合、统一性与灵活相结合的原则"⑤。田菁（2004）的博士学位论文

---

① 王崇喜，孙涛. 大中小学足球教学内容衔接问题研究 [J]. 成都体育学院学报，2007，33（3）：107 – 110.

② 张瑞."目标树"视角下对我国大、中、小学体育教材中技能类教学内容衔接的研究：以篮球项目为例 [D]. 北京：首都体育学院，2014：38 – 40.

③ 宋陆陆，李笋南. 大中小学篮球技术教学内容衔接问题的研究 [J]. 广州体育学院学报，2016，36（5）：125 – 128.

④ 朱利荣. 中小学体育课堂教学内容与教学方法有效衔接的实践研究 [J]. 体育教学，2016（2）：27 – 29.

⑤ 邓小勇，王建华. 体育教学内容体系构建的理性思考 [J]. 体育与科学，2004，25（3）：71 – 72，76.

《体育课程内容资源开发研究——以石家庄市为例》研究认为,"适宜性原则、健康性原则、特色性原则、安全性原则、实用性原则、趣味性原则、适度性原则,是体育课程内容资源开发的主要原则;引进、改造和创编是体育课程内容资源开发的主要途径"[①]。高彩云等(2004)在论文《略论我国学校体育教学内容体系的重建——兼谈 TROPS 运动的理论与实践》中指出,"构建学校体育教学内容体系应遵循科学性与可行性相结合、思想性与趣味性相结合、国际性与民族性相结合、统一性与选择性相结合的原则"[②]。吴维铭(2006)的博士学位论文《体操在我国中小学体育中的地位及历史演变研究——兼论〈体育(与健康)课程标准〉下体操内容体系的构建》认为,"构建我国学校体操内容体系应以《课程标准》基本理念为指导思想,以教育性、健康性、兴趣性和发展性等为选编原则,遵循体育运动技术基本规律和青少年儿童身心发展规律等为前提"[③]。王崇喜等(2007)在论文《中小学"2+1 项目"足球教学内容体系的构建》中提出,"足球教学内容体系的构建要贯彻素质教育和以学生为本的思想,正确认识终身体育意识与体育行为的关系,应遵循实践性与综合性相结合、阶段性与可重复性相结合、统一性与灵活性相结合的原则"[④]。付晓蒙等(2015)在论文《中小学体育与健康知识教学内容体系的研究:通过〈中国大百科全书〉分析探讨体育知识量》中指出,"体育知识更新规律将成为中小学体育知识淘汰更新的依据之一;运动项目知识是体育知识的主体内容,也是中小学传统体育知识教学的重点,

---

① 田菁. 体育课程内容资源开发研究:以石家庄市为例 [D]. 上海:上海体育学院,2008:137 – 138.

② 高彩云,吴忠义. 略论我国学校体育教学内容体系的重建:兼谈 TROPS 运动的理论与实践 [J]. 北京体育大学学报,2004,27(1):92 – 94.

③ 吴维铭. 体操在我国中小学体育中的地位及历史演变研究:兼论《体育(与健康)课程标准》下体操内容体系的构建 [D]. 北京:北京体育大学,2006:81 – 82.

④ 王崇喜,刘卫峰. 中小学"2+1 项目"足球教学内容体系的构建 [J]. 体育学刊,2007,14(2):95 – 98.

如何使运动项目教材化是未来的课题"①。

4. 关于体育教学内容改革与发展的研究

如王宗平等（1999）在论文《大学体育教学内容适应性发展的思考》中提出"将理论课和实验课（教材、课时、成绩）按1∶1的比例组织实施的改革设想，旨在扭转传统的以重复运动技术传授为中心的旧的教学体系，建立以强身育人，增强体育意识和体育能力，形成终身体育思想为中心的新的内容体系"②。王华倬（2003）的博士学位论文《论我国近现代中小学体育课程的发展演变及其历史经验》指出，"未来中国特色体育课程在内容上，应进一步重视以武术为代表的中华民族传统体育的内容，强调保持体育课程的民族传统特色"③。史兵（2004）在论文《田径教学的困惑与对策——兼论体育教学内容改革》中指出，"探讨体育教学内容改革问题，必须首先面对体育研究对象，挣脱生物体育、技能体育甚至健身体育的锁链，从社会、生活、文化等方面把握体育的实质，确立人文观和自然观在体育教育思想体系中的主导地位"④。付晓蒙等（2015）在论文《中小学体育与健康知识传授问题的调查研究》中指出，"不清楚教什么"是影响中小学体育与健康知识传授问题的四大因素之一。⑤ 张峰（2015）在其博士学位论文《中小学武术教学改革探骊——以教学目标、内容、实施策略为基点》中指出，"我国现有中小学武术教学内容构建都是以'表演之术'形式进行的，与武术本真'以击为

① 付晓蒙，毛振明. 中小学体育与健康知识教学内容体系的研究：通过《中国大百科全书》分析探讨体育知识量 [J]. 首都体育学院学报，2015，27（1）：50－54.

② 王宗平，庄惠华. 大学体育教学内容适应性发展的思考 [J]. 体育与科学，1999，20（3）：53－55，58.

③ 王华倬. 论我国近现代中小学体育课程的发展演变及其历史经验 [D]. 北京：北京体育大学，2003：123－126.

④ 史兵. 田径教学的困惑与对策：兼论体育教学内容改革 [J]. 体育文化导刊，2004（8）：49－51.

⑤ 付晓蒙，毛振明. 中小学体育与健康知识传授问题的调查研究 [J]. 武汉体育学院学报，2015，49（7）：89－94.

主、兼顾演练、体现武术丰富精神内涵'的要求大相径庭",并认为"彻底走出学校武术教育现实的困境,应从源头上进行改造和治理"。① 张磊(2016)在其博士学位论文《基于 P – PE – PCK 发展的术科教学改革研究:从理论到实践》中指出"术科教学内容选择与中小学的实际需要脱节、术科教学内容整合缺乏基于技能的教学法关注、术科教学内容呈现存在竞技性倾向突出而生活化缺失等"主要问题,并进一步提出了术科教学内容选择的"适宜 – 量力性原则、前沿 – 基础性原则和职业 – 整合性原则"三个原则,分别指向"学生、学科、社会"三方面,以及术科教学内容"问题化"的组织策略。②

二、国外相关研究成果梳理

国外体育教学内容"经历了近代身体训练说的兴起、体操理论及体系的发展,以及现代体育教学内容的丰富等阶段,呈现出多样化、弹性化和大单元化的发展倾向"③。其中,英国、美国、日本基础教育的学校体育"构建了完善的运动技能课程内容体系,运动技能课程内容丰富多样且层次分明,各学段运动技能课程内容相互衔接并与学生的身心发展相适应"④。例如,美国学校体育教学内容体系是"以学校体育国家标准为指导构建,呈现大中小学体育教学内容一体化的特点,主要包括运动技能、健身和保健三部分体育教学内容;运动技能是美国中小学体育教学内容的核心,包括基础运动技能和

---

① 张峰. 中小学武术教学改革探骊:以教学目标、内容、实施策略为基点 [D]. 上海:上海体育学院, 2015:90.

② 张磊. 基于 P – PE – PCK 发展的术科教学改革研究:从理论到实践 [D]. 上海:华东师范大学, 2016:137 – 156.

③ 张细谦. 从国外体育教学内容的演进看我国体育教学内容的改革 [J]. 体育与科学, 2002, 23 (2):10 – 12.

④ 殷荣宾. 基于学生的我国基础教育运动技能课程内容选择研究 [D]. 上海:华东师范大学, 2017:172 – 173.

运动项目；健身与保健是美国学校体育教学内容的重要组成部分"①。美国学校体育教学内容"在低年级主要以基础运动技能为主，逐渐加入非操控性复杂技术，随着年龄的增长、身心的成熟度提高，逐渐开始操控性技术的教学，适应学生身心发展的特点"，"涵盖了成年以后会接触到的所有项目的基本技术，每个部分的教学都从初级学者、高级初学者、中级学者、高级学者4个层次规定了教学内容，教学内容丰富，层次分明，由易到难，由静态到动态，注重空间与路线的设置，每部分的教学内容都在30种以上"；并且"注重与运动项目的结合，让学生在基础技能学习阶段接触不同的运动形式，培养兴趣，有利于学生今后的项目学习"。② 美国2013年版《K-12体育教育标准》课程内容以运动能力为主线，具有便于体育教师灵活选择教学内容的好处③。美国"科学、体育教育与我课程"（Science, PE & Me）将体育教学内容划分为"概念知识、认知发展、身体活动3个层面，由心血管健康、肌肉力量、肌肉耐力、柔韧性以及营养4个方面内容组成，这些内容都是以体育健康知识为核心，层次清晰，不仅兼顾促进学生体育概念的掌握和认知能力的发展，同时也兼顾身体练习发展"④。

广受美国及西方学校体育关注的"概念体育课程"（conception physical education）通过发展知识、技能和态度来改变学生健康行为，实现了从只关注技术教学的一维转向了关注技术、知识和动机的多维转变。⑤ 例如，在游泳教学内容方面，美国、澳大利亚、英国、日本四国"从初学阶段起便十分

① 姜志明. 美国学校体育教学内容体系研究 [J]. 运动，2017（3）：82-84.
② 冯红静，陈波. 美国体育基本技术教学的内容与特点及其启示 [J]. 体育学刊，2013，20（6）：88-90.
③ 张赫，唐炎. 美国2013版《K-12体育教育标准》的特征及启示 [J]. 沈阳体育学院学报，2015，34（2）：115-119.
④ 胡小清，唐炎，陈昂，等. 美国SPEM课程的特征及对我国小学体育教学的启示 [J]. 体育学刊，2017，24（4）：78-83.
⑤ 阳艺武，王琳，黄彩虹，等. 中国学校体育教材内容体系的创新思路研究：基于国外CPE课程及教材的思考与启示 [J]. 北京体育大学学报，2017，40（3）：72-78.

重视对学生进行安全游泳、自救游泳、救助他人游泳及被他人救助时的游泳等技能的培养"①。"美国体育教师选择的体育教学内容是运动项目或游戏，通过游戏化、生活化的改造和处理进入课堂"②。此外，有研究指出，厄瓜多尔大学的体育教学内容复杂，体育教师对课程内容的选择具有倾向性，主要遵循"评估每个学生的学术成就和文档记录、应用技术诊断与既定的设计、适用具体评价工作内容的课程"等原则。③ 新西兰体育与健康课程"主要包括身体活动、运动学习、户外教育、食物与营养、心理健康、性教育以及身体保护与安全 7 个关键的学习领域，其中，身体活动按照人体五种基本运动形式分为移动、跳跃、旋转、摆动和平衡五类"④⑤。

三、既有研究成果总体评价

综上所述，体育教学内容及其设计问题，已引起国内外学界众多专家、学者们的关注和重视，目前已经取得了一定数量的研究成果。其中，一部分研究成果论证深刻、见解独到，具有重要的理论与实践价值，这些研究成果对于进一步拓展和深化体育教学内容研究具有重要的借鉴和启示意义。但客观而言，现有的研究成果仍然存在一些局限和不足之处，概括起来，主要体现在以下四个方面：

---

① 丛宁丽，蒋徐万. 中、美、澳、英、日五国游泳教学内容和方法比较［J］. 成都体育学院学报，2000，26（3）：54 – 56.

② 项亮宏. 中、美体育课不同教学内容的比较分析和反思［J］. 现代中小学教育，2013（2）：93 – 95.

③ 玛丽莎. 厄瓜多尔大学体育课程研究［D］. 北京：北京体育大学，2017：82 – 83.

④ 刘雯雯. 基于"人体五种基本运动形式"的体育教学内容分类与教学建议研究［D］. 南京：南京师范大学，2014：40 – 41.

⑤ 程传银，杨小帆，刘雯雯. 新西兰"人体五种基本运动形式"的体育教学内容分类研究［J］. 成都体育学院学报，2015，41（1）：104 – 107，113.

1. 从研究的视角来看，存在着较为突出的视角单一而整合性匮乏的问题

既有的研究成果多是从单一的课程论视角或者是单一的教学论视角出发，探讨体育教学内容及其设计与实施问题，较为缺乏多维度、深层次、立体化的专题性研究，这显然不利于消解长期以来对体育教学内容及其设计问题存在的简单化、片面化、浅表化、机械化的认识。

2. 从研究的对象来看，存在着研究不均衡、零散化的问题

既有研究成果重视对体育教学内容"怎么做"问题的研究，而对于体育教学内容"是什么"的基础性问题研究则缺乏足够的关注和重视，相关的高质量研究成果十分匮乏。此外，既有研究成果往往侧重于对体育教学内容某一要素的研究，缺乏整体性的系统研究，研究较为零散、薄弱。这也就不可避免地会导致对体育教学内容的认知存在诸多的盲区、误解、偏见，以至于在体育教学内容"怎么做"的实践中出现习以为常的"教教材"、什么内容也不教的"放羊式"还冠以"科学化"的名号等怪象。

3. 从研究的内容来看，存在着研究共识未达成、不够充分的问题

例如，针对体育教学内容概念内涵的研究，存在着简单套用课程论、教学论中关于课程内容、教材内容等术语的概念内涵界定，缺乏对体育教学内容概念内涵的严格、深刻的学理性研究等问题，甚至在同一份研究成果中存在体育课程内容、体育教材内容、体育教学内容术语使用随意、指代不明、内涵含糊的问题。又如，针对体育教学内容设计"怎么做"问题的研究，只是从宏观的理论层面提出了体育教学内容设计应遵循教育性、适宜性、安全性等基本原则，但是究竟怎样才能将这些原则落实、落细、落好却要么只字不提，要么语焉不详，缺乏相应的具体实践操作性策略和案例佐证。显然，这无法有效回应一线体育教师在教学内容选择、分析、组织、呈现等方面所

面临的现实难题和挑战，也更无法确保研究结论的针对性、可靠性，进而为体育教学内容的实践创新、学生的高效优质学习等提供科学的理论支持和操作指引，结果导致了大量的重复性研究。

4. 从研究的方法来看，存在着理论与实践联系不紧密甚至割裂的问题

既有的研究成果大多遵循的是"经验描述、逻辑推演"式的研究方法，而将"理论与实证相结合"的整合性研究则明显不足。然而，事实上体育教学内容及其设计，不仅是重要的理论问题，更是实践中一线体育教师和学生不得不直面的现实问题，因此，研究的主旨不仅要着眼于理论精进需要，而且更应着眼于一线体育教师的教学操作的实践需求。显然，由于在实证层面微观研究方法上的缺失和不足，造成研究成果实践针对性、应用性、影响力不强，只能局限于宏观层面甚至是单纯的泛泛理论之谈。

第三节　研究价值

一、学术价值

（1）有利于推进变易学习理论自身的完善与发展。理论的生命力，贵在应用。通过将变易学习理论引入体育教学内容这个更为具体的研究领域，有助于阐明变易学习理论的价值性和应用性，加速推进其理论体系的不断完善和发展。

（2）在现有研究成果的基础上，进一步拓展、深化体育教学内容研究的视角和内容，为加快构建现代化的体育教学内容理论体系提供必要的理论支持。

二、应用价值

（1）本研究在对体育教学内容概念辨正的基础上，基于变易学习理论的新视角，重点发掘体育教学内容的"变易"特性及其主要类型，能够帮助一线体育教师澄清对体育教学内容概念认知上的迷失，准确理解其实质内涵，提升其进行体育教学内容设计、实践与评价的专业性、科学性和适切性，进而明晰高质量体育教学内容的实践理路。

（2）本研究能够使学生更加准确地聚焦于"体育教学内容"，从而提高学习的针对性和实效性，更好地落实"以学生发展"为中心的教育理念，确保学生"学得会、学得懂、学得乐"，进而真正实现更高质量的体育课程教学，促进学生体育学科核心素养的发展。

（3）本研究聚焦"体育教学内容"，能够为学界长期存在的"教师中心论"和"学生中心论"提供一个新的中心论点，即"体育教学内容为中心"，进而有助于为重新审视教师与学生的相互关系提供新的思考和启示。

第四节　研　究　设　计

一、研究对象与内容

（一）研究对象

本研究以体育教学内容为研究对象，积极借鉴变易学习理论的观点，重点深入发掘体育教学内容在教学过程中所呈现出的多维变易图式，并据此进一步探讨基于体育教学内容变易图式的应变优化设计策略问题。

（二）研究内容

本研究除了研究总体设计"导论"和研究"结论与展望"两部分内容外，还主要包括四大核心内容。

1. 体育教学内容相关核心概念之辨正

该部分主要包括对体育教学内容及其相关核心概念进行辨正分析，着力阐释体育教学内容的本真内涵，厘清其与体育课程内容、体育教材内容的区别与内在联系，旨在回答体育教学内容"是什么"的问题。

2. 变易学习理论：体育教学内容研究的新视角

该部分主要涵盖变易学习理论的提出背景、主要内容、核心观点、实践运用，并将其与主流学习理论进行比较，旨在科学把握变易学习理论的丰富内涵和深刻洞见，充分挖掘其之于体育教学内容理论与实践研究的新视角、新价值、新启示。

3. 基于变易学习理论的体育教学内容变易图式阐释

该部分将积极借鉴变易学习理论的精髓和启示，重点对体育教学内容进行多维透视，系统梳理其主要变易图式及其相互关系，旨在回答体育教学内容"有什么"的问题，为拓展与深化学界对体育教学内容的理论认知，加快构建新的体育教学内容体系分析框架提供新思路新启示。

4. 基于体育教学内容变易图式的应变优化设计策略

该部分将基于对体育教学内容"是什么""有什么"问题的认知发现，进一步提出新时代体育教学内容优化设计的思路及其对策，旨在回答体育教学内容"如何做"的问题，为切实提高体育课教学品质，促进学生体育学科核心素养发展，将立德树人的教育根本任务落到实处等提出切实可行的教学设计方案和实践策略。

二、研究思路和方法

（一）研究思路

本研究按照提出问题、分析问题、解决问题的思路逐一展开（见图 1-1）。首先，基于国内外相关文献分析以及对我国体育教学改革发展的切身体验和深度思考的基础上，提出并凝练了本研究主题的背景、意义与价值，主要回答"为什么"的问题。其次，对体育教学内容及其相关核心概念进行辨正分析，着力阐释体育教学内容的本真内涵，厘清其与体育课程内容、体育教材内容的区别与内在联系，旨在回答体育教学内容"是什么"的问题。再次，在详细阐释变易学习理论的基础上，将变易学习理论作为体育教学内容研究的理论支撑和分析框架，聚焦并充分发掘体育教学内容变易的多维图式，旨在进一步回答"体育教学内容是什么"的问题。最后，在上述问题分析的基础上，进一步提出基于体育教学内容变易图式的应变优化设计策略，重点回答"体育教学内容怎么做"的问题。

（二）研究方法

1. 文献研究法

以教学内容、课程内容、教材内容、体育教学内容、有效教学、高效教学、教学优化设计为主题词、关键词或题名，通过中国知网、国家图书馆、华艺台湾学术文献数据库、全国图书馆参考咨询联盟、EBSCO Education Research Complete（教育学全文数据库）、EBSCO SPORT Discus with Full Text（体育学全文数据库）、ProQuest Dissertations & Theses（学位论文全文库）、学校图书馆等渠道全面、系统、翔实地收集、整理、归纳相关重要文献、专著，以期全面了解、掌握与体育教学内容及其设计密切相关领域的研究现状、动态与前沿，明确、找准本研究的重点、难点和突破口，为本研究奠定扎实的理论基础。

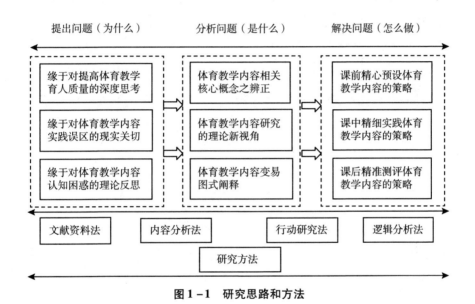

图1-1 研究思路和方法

2. 内容分析法

内容分析法是一种"对具有明确特性的传播内容进行客观、系统和定量的描述的研究方法"，具有客观、方便、经济等优点，因而具有广泛的适用范围。本研究将对国内外的体育课程标准、体育课教案、体育教材、公开课录像、研究成果等素材进行客观、系统和定量的内容挖掘与深度分析，以实现对体育教学内容"是什么""怎么做"等相关事实的准确判断和合理推论。

3. 行动研究法

行动研究法，是指教师同时扮演"教学者"和"研究者"两种角色，在教学情境中，觉察、了解教学实践问题，并针对问题进行研究。本研究将行动研究的理论与方法运用于自身的体育教学情境中，持之以恒地反思与回答"为什么教""教学什么""如何教""如何评价教与学"等重要问题，以谋求精进体育教与学，促进学生学得更高效，进而使得本项目研究具有理论建构与实践指引的双重价值与意义。

4. 逻辑分析法

通过概念界定、逻辑推理及其判断对所收集的有关体育教学内容研究的相关文献、访谈内容以及案例外现出的特征进行全面梳理、系统归纳、深度分析，以揭示体育教学内容的内在机理和优化设计的方法论。

第五节 创 新 之 处

一、研究视角方面的创新

变易学习理论根植于、生发于教学实践中，具有丰富的内涵和独特的价值。本研究将其作为体育教学内容理论与实践分析的新视角，在现有研究中是鲜见的，体现了研究视角上的创新。

二、研究内容方面的创新

本研究不仅对体育教学内容及其相关核心概念进行辨正，以厘清其各自本真内涵，而且借鉴生发于教学实践的变易学习理论深刻洞见，从课程与教学、教师、学生、载体四大维度揭示体育教学内容理论与实践中的"变易现象"及其潜在机理，并梳理其主要表现类型，还进一步从"理解—选择—分析—呈现"四大面向上提出体育教学内容优化设计的基本策略，这些研究都是对原有内容的拓展和深化，具有一定的创新性。

三、研究观点方面的创新

本研究积极回应学生核心素养发展呼唤高质量的体育教学的时代诉求，提出"高质量的体育教学内容是新时代实现更高质量的体育课程与教学的根本和核心"，主张将体育教育教学改革的重心转移到"体育教学内容"这个更为根本、更为重要的核心要素上来，着力探究体育教学内容"是什么""有什么""怎么做"等一系列根本性问题，具有鲜明的时代特色。

第二章

体育教学内容相关核心概念之辨正

体育教学内容，是体育教学目标的具体化，关联着体育教学方法、手段、模式的选择与优化，是关系新时代体育学科科学回答"为谁培养人、培养什么人、怎样培养人"这一根本问题最为密切的核心要素，直接决定着体育学科立德树人、培育时代新人等核心目标能否真正实现。从这个意义上说，高质量的体育课程教学内容是新时代实现更高质量的体育课程教学的根本和核心。

然而，时至今日体育课程教学内容领域仍然存在着若干核心概念指称混乱、关系不清、使用随意化、理论反思不足、实践引领乏力等问题，这显然既不利于学术对话与理论推进，也不利于实务困惑的消弭与育人成效的彰显。

鉴于此，聚焦体育课程教学内容领域中三个

至今仍未能得到严肃审视和明确厘清的核心概念——体育课程内容、体育教学内容、体育教材内容，尝试在整合"体育课程论"与"体育教学论"两大理论范式，借鉴与反思学界既有研究成果的基础上，致力于阐明其各自本真内涵及其相互关系，旨在使其"各指其是，各归其位，并行不悖"，进而为推进我国"体育课程与教学内容"理论研究的深化与完善、明晰"体育课程与教学内容"的实践理路、切实提高体育课程与教学的理论与实践双重品质、助力培养具有体育学科核心素养的时代新人等方面提供必要的学理支撑与实践启示。

第一节　体育教学内容相关核心概念的杂糅表现

回顾与反思我国"体育课程与教学内容"领域的研究成果与实践样态，发现最突出也最习以为常的莫过于将"体育课程与教学内容"中的体育课程内容、体育教材内容、体育教学内容三个核心概念进行有意或无意的杂糅。

首先，从公开发表或出版的学术学位论文、教材、专著、研究报告等既有理论研究成果来看，将"体育课程内容、体育教学内容、体育教材内容"三个核心概念不加严格区分、混为一谈的有之；将三者虽做有意区分但含糊其词、语焉不详的亦不少；将单一形态的"体育课程内容"或"体育教学内容"或"体育教材内容"简单化、随意化地等同于作为复合概念的"体育课程与教学内容"也不少见。这种理论研究上的缺失与不足，使得既有研究成果之间充满沟壑、纷争且难以有效对话与整合，进而成为制约这一领域研究深化与拓展的重要根源所在。

其次，聚焦并检视我国体育课程与教学内容实践的现况，发现存在着诸多的问题与不足。例如，为了更好地发展学生的体育核心素养，《义务教育体育与健康课程标准（2022 年版）》提出"加强课程内容整体设计""设计专项运动技能的大单元教学"①。然而，一线体育教师对于"体育大单元教学"的概念认知就存在着很多的不解、误解或困惑，对于在体育课程大单元教学中究竟应该"教什么、教多少、教多深"，或者说"学生喜欢什么、想学什么"等核心问题更是不清楚、不明确。

事实上，教育学界对于课程内容、教学内容的概念界定及其二者关系的认识仍然是仁者见仁智者见智，至今尚未取得一致的共识。黄甫全在《现代课程与教学论》中总结归纳了课程与教学的四种基本关系②：

（1）相互独立型。即二者相互没有接触，彼此独立，互不依赖。这在实践中就意味着，课程专家设计的课程与教师的教学没有关联，各自为政。课程规划者，没有考虑教师，而教师也并不理会课程研制者的意见，课程设计与教学实践是相互隔离的。

（2）相互交叉型。即二者各包含了对方的部分内容。如有论点指出，课程是指学校的意图，教学则是指达到教育目的的手段，它们分别侧重于教育的不同方面。

（3）包含型。表现为两个变式：一是大教学小课程。认为教学是上位概念，课程被包含于其中，只是教学的一个组成部分而已，课程也往往被具体化为教学计划、教学大纲和教科书三部分。二是大课程小教学。认为课程所涵盖的范围要宽于教学，教学只不过是课程的一个组成部分而已。比如美国现代课程论奠基人泰勒就将教学囊括在课程之中。

（4）密切关联型。即表现为相互作用与影响的关系。课程与教学既是独立的，又是相互联系的。课程不断地作用与影响着教学，反过来，也是如此。杨小微教授认为，课程与教学是密不可分的，"课程内容的整合是在变动不

---

① 中华人民共和国教育部. 义务教育体育与健康课程标准（2022 年版）［M］. 北京：北京师范大学出版社，2022.

② 黄甫全. 现代课程与教学论［M］. 北京：人民教育出版社，2011：6.

居的教学过程中生成的"。课程综合可以是对一门课程大体框架做出纲领性的预设，运用一种动态的开发方式，通过教学实现课程内容的整合。

具体到体育课程与教学内容这个特殊而具体的领域来说，上述诸多简单化、随意化甚至完全错误的做法及其造成的不良后果，究其根源则在于，当前对体育课程与教学内容若干核心概念的理论认识依然存在着一知半解、不解甚至是误解，尚难以全面、有效地回应和解释我国体育课程与教学内容实践所面临的多重困境与现实挑战，更无法科学引领一线体育教师的课程与教学实践革新。例如，将"体育教学内容"误读、误解、误认为是"体育课程内容"，就极易诱使一线体育教师在设计课堂体育教学内容时，直接照抄、照搬体育课程标准中的"体育课程内容"，结果也就很可能会导致"体育教学内容"要么是大而不当，在有限的课时中难以有效地完成，要么是"无的放矢"，缺乏明确的针对性，难以适应和满足"某一班、某一组、某一位具体学生"全面化、个性化发展的现实需求。又如一些体育教师将"体育教材内容"与"体育教学内容"简单化地等同起来，以至于呈现出习以为常的"教教材"而不是"用教材教"的机械、僵化、单一的教学形态，导致体育教学重"物"轻"人"甚至是目中无人，难以充分实现"以体育人"的学科责任担当。因此，明确三者各自的本真内涵，厘清三者之间的相互关系，既是理论与时俱进的需要，也是实践提质增效的诉求。

第二节　体育教学内容相关核心概念的内涵阐释

基于"课程·教材·课堂"三者整合的内在统一关系，提出从应然、或然、实然三个层面进行概念辨正，能够科学揭示体育课程内容、体育教学内容、体育教材内容各自的边界及其本真内涵。

一、作为应然层次的体育课程内容

何谓"体育课程内容"？当前学界对"体育课程内容"的理解与言说，依然存在着多样化的观点，尚未达成共识。

代表性的观点主要有：有学者研究指出，"体育课程内容是对具有共性信息之全部动作（含条件）的统称或类称，表现为不同的运动类别"，并以球类项目中的篮球为例将"体育课程内容划分为：第一层面的体育课程内容为'球类'，第二层面的体育课程内容为'篮球'，第三层面的体育课程内容为'篮球运球'，第四层面的体育课程内容为'篮球体前变向运球'，第五层面……"①。针对该观点，有学者认为"当体育课程内容划分至第三层次或第四层面时可称为教材"②。也有学者基于"课程具有宏观、中观、微观三层含义，分别对应于学校课程内容、各学科课程内容和各课程教学内容"的观点，认为"体育课程内容"指向的是"中观层面的体育学科课程内容，服务于学校体育的教育目标，其制定是由教育行政主管部门组织体育学科领域专家完成的，具有权威性、灵活性、科学性、合理性等特点，各教育部门依据自身的基本情况、区域特征等可以对体育课程内容进行修正、删减或补充"③。

上述观点涉及体育课程内容的性质、来源、特点、层次等，能够为学界全面、深入地理解"体育课程内容"的概念内涵提供诸多有益的启示，但综合、辨正地来看，仍然存在着一些不足和有待商榷之处。我们研究认为：

---

① 贾齐，朱姝，李国红，等. 关于体育课程若干基本概念之指称对象的考察 [J]. 体育与科学，2010，31（6）：89 - 92.

② 邵伟德，武超，李启迪. 对体育课程若干概念指称的再思考：与贾齐的深化讨论 [J]. 体育与科学，2012，33（3）：113 - 117.

③ 蔺新茂. 体育课程内容简论：兼对《"体育课程内容、体育教材内容、体育教学内容"内涵解析》一文商榷 [J]. 体育教学，2017（7）：49 - 51.

（1）体育课程内容具有自身的独立性和稳定性，无论其包含多少个层次，也无论学界同仁最终将其划分到哪个层次，其都不可能"变质"为"体育教材"，尽管二者确实具有一定的联系，但实有质的不同。（2）尽管作为类别的"运动项目"中的知识、技术、原理、规则、礼仪、精神等要素是构成"体育课程内容"的重点和核心，但是不能将"体育课程内容"等同于"运动项目"本身。比如"西瓜"中包含丰富的"营养成分"，如钙、磷、钾、维生素 A 等，但显然"营养成分"不等同于"西瓜"本身。（3）基于"目标统领内容"的观点，与其说"体育课程内容服务于学校体育的教育目标"，不如说"体育课程内容服务于学校体育的课程目标"来得更具体和适切。原因在于，相较于学校教育目标，体育课程目标能更具体地统领体育课程内容，也能更真实地反映体育课程内容与其内在的联系。

综上分析，可以判断"体育课程内容"是一个应然层次的概念，是指为了有效地达成《义务教育体育与健康课程标准（2022 年版）》中已设定的培养学生体育学科核心素养等体育课程目标，"理应或应该教学什么"。通常是由体育课程领域的专家、学者、教研员以及一线骨干教师共同构成的体育与健康课程标准研制团队，经过对话、协商后达成的共识性内容，具体呈现于《体育与健康课程标准》文本中，具有宏观、抽象的特点。

从内容构成来看，"体育课程内容"主要包含两大类："一是具体的运动项目技术以及对它们的理解，二是关于体育的事实、概念、原理、原则、技能、策略、观点、态度、情意以及处理它们的方式"①。比如，《普通高中体育与健康课程标准（2017 年版）》将体育课程内容"分为必修必学和必修选学两个部分，其中必修必学是对全体学生学习体育与健康课程的共同要求，对应的体育课程内容包括体能和健康教育；必修选学是满足学生形成运动爱

---

① 施良方 . 课程理论：课程的基础、原理与问题［M］. 北京：教育科学出版社，1996：106.

好和专长以及个性发展的需要"①。

二、作为或然层次的体育教材内容

内容并不能独立存在，还必须依托、内蕴于一定形式的载体，即"教材"。那么，内蕴在体育教材中的内容又该如何理解？通过文献梳理，发现学者们对"体育教材内容"的认知和理解依然是众说纷纭，见仁见智。

代表性的观点主要有：有学者研究指出，"体育教材是个相对独立的概念，是信息的载体，是可感知的对象性存在，而体育教材内容是指对不同运动（或动作）形态中所蕴含之共性信息的统称或类称，比如教科书出现的'团身前滚翻'实际上是对某类信息的统称，而并非对某一特定条件下某一特定动作的特指，应该作为'体育教材内容'予以把握"②。该观点对"体育教材"和"体育教材内容"的理解，本书是认可的，但举例中将体育教材中的"团身前滚翻"作为"体育教材内容"予以认定，却有必要进一步辨析。本书认为，该例证中的"团身前滚翻尽管确实是对团身前滚翻成坐、团身前滚翻成仰卧、抱脚团身前滚翻、从低向高处的团身前滚翻、从高处向低处的团身前滚翻等具有共性信息的统称"，但其性质仍然是"体育教材"，而不是"体育教材内容"。蕴含在"团身前滚翻"中的概念、原理、技术、方法、策略、技巧，以及师生在教学"团身前滚翻"过程中创生的行为、能力、情感、意志、价值、道德等才应该作为"体育教材内容"予以认定和把握。正所谓教的是"体育教材之内容"而非"体育教材之教材"。

也有研究成果指出，"教材内容不等于教学内容"，"体育教材内容是指

---

① 中华人民共和国教育部. 普通高中体育与健康课程标准（2017 年版）[M]. 北京：教育科学出版社，2018：6.

② 贾齐，朱妹，沈菁. 对"教材"、"内容"和"教学方法"指称对象的深化讨论：兼对"对体育课程若干概念指称的再思考"的质疑 [J]. 体育与科学，2012，33（5）：99－103.

以教学大纲或课程标准的课程内容的分类体系为依据，对教学内容进行选择、改造、组合，使其典型化，个性化，并开发成为真正教给学生的那一部分内容"①。该观点认为"教材内容不等于教学内容"，本书是认同的，但是该观点将"体育教材内容"视为是对"教学内容的选择、改造、组合，并开发成为真正教给学生的那一部分内容"，却是值得商榷的。本书认为其存在的问题有二：一是该观点将"体育课程内容"等同于"体育教学内容"。从教学历时性来看，体育课程内容的发生在先，体育教学内容的发生在后，而体育教材内容的发生则是居于二者之间，显然"体育教材内容"应是对"体育课程内容"而非"体育教学内容"的选择、改造、组合。二是该观点将"体育教材内容"等同于"体育教学内容"。从教学实践来看，体育教材内容不是"学生直接掌握的对象，而是师生教学活动的中介，是对教学内容的某种预设"②，其还需要经过实际执教的体育教师进一步地"教学化处理"，才能"成为真正教给学生的那一部分内容"。

还有学者提出，"体育教材内容是达成体育课程内容的载体与媒介，相对于体育课程内容，体育教材内容具有一定的易变性，随着社会的发展，一些远离生活、学生不喜欢的教材内容逐渐被舍弃，同时，不断有新兴运动项目经教材化后进入课堂，实现着体育教材内容的'新陈代谢'"；"体育教材内容来自丰富的体育素材，体育素材需要经过两次教材化才能进入课堂成为体育教材内容，第一次教材化的主体是有关体育课程与教学专家，第二次教材化的主体是一线体育教师"③。针对该观点，本书认为有三点值得进一步明确。一是"易变性"并不是"体育教材内容"的独有特性，其同样适用于具

---

① 顾渊彦. 国家体育课程的校本开发之三：课程内容的教材化构建［J］. 中国学校体育，2009（12）：13－15.

② 俞红珍. 课程内容、教材内容、教学内容的术语之辨：以英语学科为例［J］. 课程·教材·教法，2005，25（8）：49－53.

③ 贾洪洲. "体育课程内容、体育教材内容、体育教学内容"内涵解析［J］. 体育教学，2017（3）：22－24.

有相对独立性的"体育课程内容"和"体育教学内容"。那么,"体育教材内容"相较于其他二者的特性为何,尚需要厘清。二是该观点提出"体育教材内容"的"第一次教材化主体"是有关体育课程与教学专家,本书认为其主体应是所有的体育教材编制者,而与其是否是体育课程与教学专家无本质关系,也即是体育教材编制者对"体育课程内容"的"教材化"。三是该观点提出的"第二次教材化及其主体",本书认为"体育教材内容"真正进入体育课堂,确实还需要"一线体育教师"进一步地转化,即执教的体育教师根据教学的实际情境将"体育教材内容"进行筛选、替换、重组等"教学化"处理,而非"第二次教材化"。

经过上述概括式的讨论与分析,表明上述观点确实有进一步讨论和辨正的必要和空间,但从另外一方面看,上述代表性的研究成果依然能够为学界深入理解和探究"体育教材及其内容"的内涵、本质、地位、来源等奠定必要的理论基础。积极借鉴上述重要观点的诸多有益启示,我们研究认为,"体育教材内容"是一个或然层次的概念,是指为了使学生更有效地掌握既定的体育课程内容,达成体育课程标准所规定的课程目标,"或许可以用什么去教学体育课程内容"。之所以说是"或许",是因为"体育学科内容体系是一个由众多竞技运动项目和身体练习所组成的庞杂内容集合"①,这往往会导致体育教材编制者在"何谓高质量体育教材内容"以及"高质量体育教材内容选编什么、如何选编"等方面,存在较大的自主性、较多的可选择性和较高的不确定性,体现为日常体育教学实践中的教材多样性和可选择性。具体而言,"体育教材内容"通常是由体育教材编制者将体育课程涉及的有关概念、术语、事实、技能、策略等按照一定的逻辑和原则进行选择、加工、改造、重组、提炼,最终形成的文本与非文本信息及其操作性建议。

---

① 毛振明. 论体育教材的选编 [J]. 天津体育学院学报, 2002, 17 (4): 34 – 36.

三、作为实然层次的体育教学内容

"体育教学内容"是一个学界使用频率高、概念指称混乱、亟待明确厘清的重要术语。从既有研究成果来看，典型的观点主要有：有学者认为"体育教学内容"是指"依据体育学科目标和地区体育发展方向选择出来的，依据学生身心发展和对体育知识学习的规律，符合某一历史阶段的具体教学条件和地域特征，进行加工的、在特定的体育教学环境中，传授给学生的关于体育的基本知识"[①]。有研究者指出"体育教学内容是课程内容的一个有机组成部分，是体育教学中传授给学生的体育基本知识、技术、技能的总称"[②]。也有研究者认为"体育教学内容是指课堂中直接关系到学生的学习，并且包括教师讲解和示范的学习任务，如两人一组面对面垫球"[③]。还有研究者认为"体育教学内容是指教师依据具体的教学目标和教学情境对课程资源具体化而形成的有效教学设计，是具体的、个别的，是教师和学生直接操作的对象，主要回答体育学科"用什么教"和"用什么方法教"的问题"[④]。

辨正地分析上述观点，一方面需要肯定其有助于学界明晰"体育教学内容"的概念内涵、要素构成及其选择原则等积极的一面，另一方面也要正视其存在的缺失和盲点之处。比如，将"体育教学内容"的构成要素狭隘化为"基本知识、技术、技能"。持该观点很可能是基于这样的假设，即教授"体育知识、技术、技能"是学校体育教学的根本任务，也是体育学科教学区别于其他学科的最为本质的特征，而其他内容或任务则都可以忽略。然而，无

① 蔺新茂，毛振明.体育教学内容论［M］.北京：北京体育大学出版社，2014：48 – 49.
② 陈宁.我国中小学体育教学内容选择的历史变迁路径与特征［J］.沈阳体育学院学报，2013，32（2）：116 – 120.
③ 多奈塔·考瑟伦，邓小芬.中学体育教法学：终身学习：实用中学体育课程［M］.北京：教育科学出版社，2016：168.
④ 张细谦.体育课程与教学论［M］.广州：广东高等教育出版社，2013：50.

论体育教师是否了解，也不管其是否意识到，"以体育人"始终是体育课堂教学的归宿和根本。因此，学生不仅应掌握关于体育的"概念、术语、原理、原则、规律等知识、技术和技能，而且还应掌握由此而生发的能力、策略、方法、情感、态度、道德、意志、价值观等"。[①]

又如，将"体育教学内容"等同于体育教师课前的"有效设计"。这种观点是对体育教学过程的一种简单化、机械化、线性的误解。事实上，"体育教学内容"除了教师课前精心预设的外，更多的是在体育课堂教学过程中，由体育教师和学生共同参与的教学行为而创生的。国外也有学者研究认为，教学内容"并不是凭空出现的，更多的是通过教师和学生在课堂教学过程中的教与学行为而演绎、创造出来的"[②]。此外，将"体育教学内容"视为主要回答体育学科"用什么教"和"用什么方法教"的问题，该观点也是存在缺失的，理由在于"体育教学内容"首先需要回答的是"教学什么"的问题。

基于以上分析我们认为，"体育教学内容"是指单位时间（T）内，为实现预设的体育教学目标（O），学生（S）在体育教师（P）的教导下应必须学会的认知信息（见图2-1）。

其主要包含四大要素：

（1）单位时间（T）。由于课堂教学时间是固定和有限的，而可用于教学的内容又是庞大的，因此，该要素表明了体育教学内容在有限的教学时间内，必须经过精心的选择和设计。

（2）达成预期的体育教学目标（O）。该要素表明体育教学内容与教学目标之间的关系，也就是说，目标统领内容。脱离目标的教学内容则盲，而无内容的目标则空。

---

① 李树英，高宝玉. 课堂学习研究实践手册 [M]. 合肥：安徽教育出版社，2011：6-7.
② 希尔伯特·迈尔. 课堂教学方法（理论篇）[M]. 上海：华东师范大学出版社，2011：22-71.

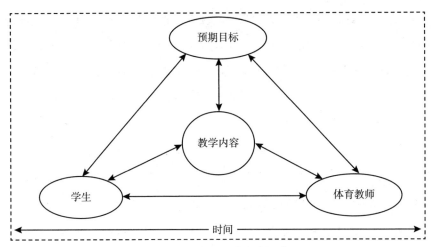

图 2 - 1 体育教学内容概念

（3）学生（S）在体育教师（P）的教导下。该要素一方面表明体育教学内容的两大主体——体育教师和学生，另一方面也表明学生必须在体育教师的教导下学习内容，阐明了二者之间的密切关系。

（4）学生必须学会的认知信息。该要素则表明学生不仅应学，而且还应必须学会。同时，也蕴含着体育教师不能仅仅止于呈现"体育教学内容"信息，也不能止于只是努力地教导学生学习应学的内容，更为重要的是还必须关切学生最终是否学会了那些应学的内容。毕竟"教了，并不等于会了"，这对于判断真伪"教学"具有重要的指针意义。

基于以上分析我们认为，"体育教学内容"是一个实然层次的概念，是指面对现实、特定的体育课堂教学环境和具体的教学对象，为了达成预期的体育课堂教学目标，"实际上最好教学什么"和"实际上最好用什么去教学"。通常既包含体育教师在课堂教学中对现有体育教材内容的直接采用和精心"重构"——增加、删除、减少、替换、改编、整合等，也包括师生在体育课堂教学过程中对规定体育课程内容的认真执行和互动创生。①

---

① 王荣生. 语文课程与教学内容［M］. 北京：教育科学出版社，2015：22.

首先，从理论上看，作为实然层次的"体育教学内容"可以是多种样态的存在，如既可以是理论性存在，也可以是实践性的存在；可以是感性认识的，也可以是理性认知的；可以是实际描述的客观世界，也可以是虚拟存在于脑中的观念世界。因此，一定意义上说，任何事物都可能成为实然层次的"体育教学内容"。

其次，从实践上再看，由于教学总是服务于特定的教育教学目的、目标，遵循课程标准的规定要求，以及来自教师的专业素养、学生身心健康发展的内在规律以及教学的现实环境等因素制约，上述"可能"的体育教学内容还需要经过进一步的删减、筛选、整理、归类、重组、再造、评估。可见，作为实然层次的"体育教学内容"并不是静态确定的，而是基于特定的体育教学目标，由体育教师和学生的教学行为按照一定的原则"演绎加工"而创生出来的，其在数量上也不可能是无限多个。这也提示我们，"体育教学内容"设计与实践中，必须摒弃以体育教师为中心来定义和实践"体育教学内容"的传统做法，树立新型的现代学生观，重视并充分发挥学生参与在科学确定体育教学内容方面不可或缺的作用。

由此可以推断，作为实然层次的"体育教学内容"已经不再是一个一般性的名词，其具有丰富的内涵和特定的指向，包含两个重要的维度（见表2-1）。

表2-1　　　　　　　　实然层次的体育教学内容二维结构模型

	专项之维	一般之维
实然层次 的体育教学内容	学生应当学到的体育学科知识、技能，属于直接性的体育教学内容，通常指向短期的体育教学目标	学生在掌握体育学科知识的基础上，应着力发展的情感、能力、态度、价值观、审美情趣、道德品格等体育素养，属于间接性的体育教学内容，通常指向远期的体育教育教学目标

第一，专项之维。指学生应当学到的体育学科知识，属于直接性的体育课堂教学内容，通常指向短期的体育课堂教学目标。

第二，一般之维。指学生在掌握体育学科知识的基础上，应着力发展的情感、能力、态度、价值观、审美情趣、道德品格等体育素养，属于间接性的体育课堂教学内容，通常指向的是远期的体育课堂教学目标。[①]

比如，在中长跑课时教学中，跑的要点、姿势、节奏等就属于直接性的体育课堂教学内容，而在跑的过程中体验"跑"对于意志的磨炼、情感的宣泄、自我的超越、生命意义的彰显、个人价值的实现、世界观的塑造等则属于间接性的体育课堂教学内容，需要持之以恒地长期练习和不断的体悟。

第三节　体育教学内容相关核心概念的关系澄明

基于上述分析，本书认为体育课程内容、体育教材内容、体育教学内容是三个相对独立又具有密切联系的概念（见表2-2）。一方面，三者分别居于应然、或然、实然三个不同的层次，关切和回答的是不同的核心问题，各具有特定的内涵和特征；另一方面，从三者各自转化与生成的实质来看，三者之间又具有内在的密切联系。

表2-2　　体育课程内容、体育教材内容、体育教学内容三者之关系

类别	层次	问题	特征	实质
体育课程内容	居于应然层次	关切和回答的核心问题是，为达成《体育与健康课程标准》中设定的体育课程目标"理应或应该教学什么"	反映教育决策者和《体育与健康课程标准》研制集体的体育课程与教学内容观	体育课程目标的内容转化和具化

① 张磊. 基于变易理论的体育教学内容分析及其设计策略 [J]. 北京体育大学学报，2015，38 (6)：95-101.

类别	层次	问题	特征	实质
体育教材内容	居于或然层次	关切和回答的核心问题是，为使学生更有效地掌握既定的体育课程内容，达成体育课程标准规定的课程目标，"或许可以用什么去教学体育课程内容"	反映教材编制者的体育课程与教学内容观	"应然层次的体育课程内容"的教材化
体育教学内容	居于实然层次	关切和回答的核心问题是，为达成预期的体育教学目标，面对特定的教学环境和具体的教学对象，实际上最好"教学什么"和"用什么去教学"	反映一线执教教师的体育课程与教学内容观	"应然层次的体育课程内容"与"或然层次的体育教材内容"的教学化

首先，从"体育课程内容"来看，它是《体育与健康课程标准》中明文规定的应教、应学内容，具有高度的概括性和丰富的内涵性，反映的是教育决策者和《体育与健康课程标准》研制集体的体育课程与教学内容观。其关切和回答的核心问题是，为了达成《体育与健康课程标准》中所设定的体育课程目标而"理应或应该教学什么"，居于"应然"的层次。其实质是体育课程目标的进一步转化和具化，不能直接成为或等同于或然层次的"体育教材内容"，也不能直接成为或等同于实然层次的"体育教学内容"，而只可能是作为或然层次的"体育教材内容"编写和实然层次的"体育教学内容"设计的根本依据和核心来源。

其次，从"体育教材内容"来看，它是以静态存在的体育教材为载体，反映的是体育教材编制者的体育课程与教学内容观，即体育教材编制者对《体育与健康课程标准》中目标、内容和预设的体育教学对象的分析、认知和理解程度，以及基于自身综合素养所进行的专业判断和教学决策。其关切和回答的核心问题是，为了更有效地达成体育课程标准规定的课程目标，"或许可以用什么去教学体育课程内容"，居于"或然"的层次。其实质是体育教材编制者对居于应然层次的"体育课程内容"的进一步具体化、对象化和可操作化，统称为体育课程内容的教材化。

一般而言，好的"体育教材内容"一方面应紧扣体育与健康课程标准，使应然层次的"体育课程内容"全部、充分地有机融入体育教材中，实现其"教材化"；另一方面应尽可能地贴近体育课堂教学的实际，赋予应然层次的"体育课程内容"以具体、明确、可操作性的教学建议，以更好地实现其"教学化"，服务于实际执教体育教师的教和学生的学。可见，高质量的体育教材内容，对体育教材编制者的专业知识、综合素养以及教学判断等提出了更高水平的要求。这也提示实际执教的体育教师，一方面应重视体育教材编制者给出的"或许可以用什么去教学体育课程内容"的操作性建议，将其作为实然层次的"体育教学内容"的主要来源，深度挖掘其可教可学的重要内容；另一方面又不能僵化、唯其是瞻，尤其是面对当前体育教材层出不穷、水平参差不齐，有些甚至是粗制滥造的现实，更需要实际执教的体育教师精选体育教材，创造性地用好、用活体育教材，而非只是"教体育教材"。

最后，从"体育教学内容"来看，它是实际执教的体育教师基于体育课程内容和体育教材内容，面对真实的体育课堂教学环境、具体的体育教学对象以及自我专业素养和教学风格等实情，在体育课堂教学中真正实践的内容，居于"实然"的层次，反映的是实际执教的体育教师的体育课程与教学内容观。其关切和回答两个核心问题：一是需要回答面对体育课堂上特定的教学环境和具体的教学对象，为了有效达成预期的体育教学目标，体育教师"实际上最好教学什么"的问题；二是需要回答为了使这一特定体育课堂教学环境中的具体教学对象，更优质、高效地掌握"实际上最好教学的什么"，体育教师"实际上最好用什么去教学"的问题。其实质是居于应然层次的"体育课程内容"与居于或然层次的"体育教材内容"的实践教学化。此外，无论是居于应然层次的"体育课程内容"，还是居于或然层次的"体育教材内容"，最终都需要转化为体育课堂上实际教学的"体育教学内容"。

由于同一"体育课程内容"或"体育教材内容"，能够实现不同的目标，与此对应，为实现一个教学目标，也可以选择多种不同的"体育课程内容"或"体育教材内容"教学来支撑，因此，为了达成某种预期的体育课堂教学目标，更好地实现"体育课程内容"与"体育教材内容"的教学化，这就客观要求体育教师一方面应对高度浓缩、提炼的居于应然层次的"体育课程内容"进行理解、消化、吸收、转化；另一方面应摒弃孤立、割裂、静态的体育教材内容观，树立整体、联系、活化的科学体育教材内容观，结合现实、特定的体育课堂教学环境和具体的教学对象，对体育教材内容进行个性化的演绎和创造。

事实上，体育新课程改革提倡体育教师应创造性地教学，强调体育教师要摆脱对体育教材的崇拜和依赖，对体育教材进行"二次开发"，就是要求体育教师通过对居于应然层次的"体育课程内容"的领会和把握，超越对居于或然层次的"体育教材内容"的机械教学，活用、用活体育教材，创造更丰富、多样的居于实然层次的"体育教学内容"。换言之，这实际上是将体育课程、体育教材、课堂体育教学等三者统一贯通起来，从而将专家制定的"理想的体育课程"转化为体育教师课堂教学实践中运作的"实际的体育课程"。

唯有知其所是，才能更好地成其所是。为切实提高体育课教学质量，实现核心素养导向的《普通高中体育与健康课程标准》（2017 年版）所强调的"以学生发展为中心，从课程设计到课程实施的各个环节，特别关注学生的运动基础、体育文化认知，尊重学生的体育学习兴趣和需求，强调与学生的生活经验紧密联系，精选适应时代要求、有利于奠定学生终身发展基础的体育与健康知识、技能和方法的目标"①，针对我国体育课程与教学内容领域中"体育课程内容、体育教学内容、体育教材内容"三个核心概念界定不清与运用杂糅的现状进行自觉的理论反思与梳理辨识，应该说是一件刻不容缓且

---

① 中华人民共和国教育部. 普通高中《体育与健康课程标准》（2017 年版）［M］. 北京：人民教育出版社，2018：2 - 4.

具有重要学术价值与现实意义的事情。

具体到实践一线的体育教师来说，为了避免或化解"体育课程内容、体育教材内容和体育教学内容"三者在自上而下地转化、衔接和落实的过程中，可能出现的错位、脱节、落空等不良问题，为了成就更高质量的体育教学质量，担负起培养具有体育学科核心素养的时代新人的教学责任，一方面需要深度理解和明确回答——为了有效达成《体育与健康课程标准》中设定的体育课程目标，而"理应或应该教学什么"的核心问题，涉及体育课程标准中的体育课程目标内容化。另一方面，体育教师还需要深度思考与持续追问的是，为了使学生更有效地掌握既定的体育课程内容，达成体育课程标准规定的课程目标，"或许可以用什么去教学体育课程内容"的核心问题，涉及应然层次的体育课程内容的教材化。此外，体育教师更应着力回答的一个重要问题是：面对现实、特定的体育课堂教学环境和具体的教学对象，为了达成预期的体育课堂教学目标，"实际上最好教学什么"和"实际上最好用什么去教学"，涉及应然层次的体育课程内容和或然层次的体育教材内容的教学化。

第四节 本 章 小 结

本章主要针对体育课程与教学领域中三个至今仍未能得到严肃审视和明确厘清的核心概念——体育课程内容、体育教学内容、体育教材内容，在整合"体育课程论"与"体育教学论"两大理论范式的基础上，提出从应然、或然、实然三个层面进行辨正，旨在厘清三者各自的内涵及其相互关系，消弭其实务困惑与误区。

研究认为：第一，"体育课程内容"主要回答的是为了达成《体育与健康课程标准》中设定的体育课程目标而"理应或应该教学什么"的核心问题，其实质是体育课程目标的进一步转化和具化，属于应然层次的概念；第二，"体育教材内容"主要回答的是为使学生更有效地掌握既定的体育课程内容，达成体育课程标准规定的课程目标，"或许可以用什么去教学体育课程内容"的核心问题，体现了"用教材教"而非"教教材"的深意，属于或然层次的概念；第三，"体育教学内容"则主要回答的是为了达成预期的体育教学目标，面对特定的体育教学环境和具体的体育教学对象，"实际上最好教学什么"和"实际上最好用什么去教学"的核心问题，属于实然层次的概念。

研究指出，为避免或化解"体育课程内容、体育教材内容和体育教学内容"三者在自上而下地转化、衔接和落实的过程中，可能出现的错位、脱节、落空等不良问题，实现高质量的体育教学，那么一线体育教师在体育课程与教学实践中应科学把握三者之间辩证统一、相互依托的密切关系，并深度思考与持续追问三个层次的问题：第一，为了有效达成《体育与健康课程标准》中设定的体育课程目标，而"理应或应该教学什么"的核心问题，涉及体育课程标准中的体育课程目标内容化；第二，为了使学生更有效地掌握既定的体育课程内容，达成体育课程标准规定的课程目标，"或许可以用什么去教学体育课程内容"的核心问题，涉及应然层次的体育课程内容的教材化；第三，面对现实、特定的体育课堂教学环境和具体的教学对象，为了达成预期的体育课堂教学目标，"实际上最好教学什么"和"实际上最好用什么去教学"，涉及应然层次的体育课程内容和或然层次的体育教材内容的教学化。

第三章

变易学习理论：体育教学内容研究的新视角

"学习"，不能直接被看见，它是一种内在的、潜隐的改变，必须经由"表现"的改变来推断，所谓的"表现"则是一种看得见的技巧展现行为，如投掷、滑行、接球等。究其原因就在于，除了学习之外的其他事情也会影响表现，所以要明确判断学生是否真正学习了一个技巧不是容易的。有时候学生是因为很幸运而有出奇好的表现，或者失去集中力而表现得很差。因此，可将"学习"看作是一种经由练习，提升表现能力的相当持久的进步过程。如果要论断学习是否真的发生，其关键在于看其表现的增进是否是相对持久的。①

---

① Martens R. 成功运动教练学［M］. 陈文诠，黎俊彦，温富雄，等译. 台北：艺轩图书出版社，2004：71.

现实中，由于知识观的不同，引发了人们对学生及其学习内容、学习方法、学习内在机制等产生了新的认识和理解，形成了不同的学习理论。所谓的"知识观"是人们源于对"什么是知识、知识从哪里来、什么知识最有价值、怎么才能掌握知识"等问题的深度思考与持续追问，形成的关于"知识"的不同观念。例如，"知识被理解为客观事物的属性和联系的反映，是客观世界在人脑中的主观映象"①。而"唯理论主张知识产生于推理，并非借助于感觉，认为知识是通过精神而产生，经验论则倡议经验是知识的唯一源泉，坚持经验是知识的唯一形式"②。知识"被划分为人文知识与科学知识、显性知识与隐性知识、社会知识与个人知识等"③。

不同的学习理论又会对教学实践产生深刻而持久性的影响。正如高文（2002）指出："在整个 20 世纪中，对知识的不同看法成为隐藏在学习与教学理念后面的基础，制约着、影响着人们对学习、教学的认识以及学校教育的发展"④。好的学习理论，不仅可以分析教师的教学内容及其内容处理行为是否有效以及为什么是有效（或无效），而且还可以指引、优化体育教师的教学内容设计。显然，好的学习理论对于提高体育教学的科学性和质量无疑具有重要的指引价值。

为了掌握各种学习理论的主要内涵，明确其理论的先进性和局限性，更有效地应用于体育课堂教学内容分析和设计中去，本章首先全面阐释变易学习理论的理论起源、核心内容、主要观点等；其次，将变易学习理论与其他几种主要的学习理论进行必要的比较；最后，提出变易学习理论对于深化体育教学内容研究及其实践应用的重要意义和价值。

---

① 丁家永. 现代教育心理学［M］. 广州：广东高等教育出版社，2004.
② 李芒，徐晓东，朱京曦. 学与教的理论［M］. 北京：高等教育出版社，2007.
③ 黄甫全. 现代课程与教学论学程［M］. 北京：人民教育出版社，2006：160－169.
④ 高文.20 世纪人类学习革命译丛（总序）［M］. 上海：华东师范大学出版社，2002：8.

第一节　主流学习理论概述

一、行为主义学习理论

行为主义学习理论是行为主义心理学流派关于学习的观点，在 20 世纪 50 年代，它以经验论为基础发展起来，在教学设计理论上占了主导地位。林生传在其《教育心理学》① 中论述道：行为主义学习理论主张以"联结历程"来解释学习历程，认为学习是刺激与反应之间建立一种新联结或新关系的历程。

由于对如何形成刺激与反应间的新联结解释不同，行为主义学习理论又可分三大派别：即古典条件化作用，又称古典制约学习经典条件反射，代表人物是巴甫洛夫；操作条件化作用，又称操作制约学习，代表人物是桑代克、斯金纳；社会学习论，又称观察学习，代表人物是班杜拉。行为论对学习理论的三大主张，虽然各自有自己的特色和经典实验，但他们对学习有着一些共同的认识，我们认为，可以从以下几个方面概括：

（1）学习是由外在刺激引起的。行为主义所谓的"联结历程"，主要是指刺激与反应之间建立联结的历程，在某种意义上，刺激与反应之间的联结是人为安排的、有意的联结，并非内发的，外在的刺激是学习的诱因，如果没有外在刺激，就不可能有学习历程的发生。因此，学习是由外在刺激引起的一种被动的反应。

（2）学习是透过经验或练习而产生的。因为预期学习成果的存在，学习

---

① 林生传. 教育心理学［M］. 台北：五南图书出版社，2007.

作为人为安排的一种刺激与反应之间的联结，不会自然产生，而是要通过已有的经验或者长期的练习才能产生。因此，行为主义学习理论多会关注经验或反复练习的方法，比如桑代克的"尝试－错误"学习、斯金纳的"强化学习"、班杜拉的"观察学习"等，都强调一种学习的方法，总结出一定的学习规律，以借助这些方法促使学习成果的产生。

（3）学习的成果表现为个体行为的改变。行为主义认为，学习活动是否发生可以通过外在的行为表现出来，如行为形式或频率的改变等。正如叶玉珠（2003）等学者所说："由于学习是指一个历程，而历程是无法直接观察到的，但我们可以由个体行为的改变与否来推论学习历程是否发生，或如何发生。"[1]

因此，通过评判学习者的外在行为而评估学习是否发生是行为主义学习理论的一个重要环节。按照行为主义的学习观点去理解教学活动，教学设计中教师要重视安排环境中的刺激，尽可能地强化学生正确或恰当的行为；教师要关注学生的学习过程，通过对反应的差别的强化或塑造，不断促进学习者的进步。同时，教师也应评估学生的行为，以确定学习是否发生，学习效果如何。然而，由于行为主义过分强调作为反应强化的死记硬背式学习[2]，学生的学习只是一个对"刺激"作出"反应"的过程，它强调了反复操练的重要性，却忽略了有意义的学习而受到批评。该学习理论无法解释许多学习现象，比如，"为什么反复操练却并不一定能够成功？"行为主义视人的脑袋为一个"黑箱"，视教学活动为一个教师给予"刺激"而学生作出"反应"的过程，完全把教师放在主导的地位。因为完全忽略了学生如何进行有意义的学习的问题，在后来受到了不少质疑。

---

① 叶玉珠，等.教育心理学［M］.台北：心理出版社，2003：117.
② 高文.20世纪人类学习革命译丛（总序）［M］.上海：华东师范大学出版社，2002：8.

二、认知主义学习理论

20 世纪 50 年代后期，研究人员开始从行为模式转向认知科学的取向。认知主义学习理论是认知心理学派对学习所持的观点，林生传（2007）[①] 在其《教育心理学》中指出，认知心理学派主张以认知历程来解释学习的历程，认为学习是经由认知的历程，而非经由刺激与反应联结的历程，他们特别强调个体的内在认知在学习历程中所扮演的角色，重视个体先前知识和技能在整个学习历程中的重要性。拉弗朗克斯（1988）认为个体在学习情境中的反应，非因刺激与反应间的联结关系，而因对整个学习情境中是无间关系的认知与了解。因此，学习实为个体对环境中事物间关系的认知历程，学习可视为一个信息输入和产出的过程。

认知主义学习理论主要有几种代表性观点：[②]

（1）格式塔学习理论，最初由韦特海默提出，强调学习是学习者通过感觉、知觉得到的，是由人脑主体的主观组织作用而实现的，并提出学习是依靠顿悟，而不是依靠尝试与错误来实现的观点。

（2）布鲁纳的发现学习理论（discovery learning theory），也称为认知结构学习理论。发现学习理论提倡发现学习，这种教学提倡学校应设计、安排教学情境，让学生进行发现式学习。

（3）奥苏贝尔的有意义学习理论，也称为认知结构同化理论，他认为学校学习则更多的应是接受学习即有意义地接受学习。

虽然以上三种主要的认知主义学习理论各有侧重，但他们也有共同之处，主要表现为：

（1）学习是个体在已有知识基础上有意义的、主动的认知历程。正如李

---

① 林生传. 教育心理学［M］. 台北：五南图书出版社，2007.
② 李芒，徐晓东，朱京曦. 学与教的理论［M］. 北京：高等教育出版社，2007：39.

芒等（2007）所论述的那样，奥苏贝尔对学生已知的内容非常重视。奥苏贝尔（1968）在他最有影响的著作《教育心理学：一种认知观》的扉页上写道"如果我不得不把教育心理学的所有内容简约成一条原理的话，我会说：影响学习的最重要的因素是学生已知的内容。弄清了这一点后，进行相应的教学"。可见，已有知识是学生学习新知识的基础。此外，学习过程并非学习者对外在刺激做出被动反应的过程，而是学习者有意、主动的认知历程。如果只有外界的刺激而无学习者的主动参与，学习则不可能发生。因此，学习者是学习过程的关键要素。

（2）学习过程非常重要。学习是个体智慧结构改变的过程，学习过程可能依赖已有的认知结构，如格式塔学习理论的顿悟学习依靠的是完形，布鲁纳的认知结构理论依靠的是已形成的认知图。因此，认知主义学习理论也强调学习方式，如布鲁纳强调发现学习，奥苏贝尔强调有意义地接受学习，虽然表面看来二者存在分歧，其实都是要强调学习的过程，并且强调学习过程中学习者的作用。

（3）学习的成果是个体智慧结构的改变。认知主义的学习理论认为，学习不只是获得知识，更重要的是个体智慧结构的改变。知识只是促使智慧结构改变的工具或载体，并非学习的目的，学习的真正目的是认知技能（cognitive skills）的获得和个体智慧结构的改变，这一学习成果非常重要，是进一步学习的关键。

虽然认知理论内部有不同的流派，但总的来说，认知主义的教学通常会强调：提倡学习的主角是学生而非教师，学习者居于主动，教师的主要作用在于协助学生在学习的过程中运用适当的方法习得知识，使之能储存于长期记忆并以有系统组织的方式存在，有利于日后的活用。[①] 教学的研究重点是如何增强记忆，形成概念，并保持形成长期记忆等。"显然，学习的这一隐

---

① 叶玉珠，高源令，修慧兰，等. 教育心理学 [M]. 台北：心理出版社，2003：264.

喻是参照计算机处理信息的方式建模的，该隐喻仅仅将学生视作个体的信息处理者，因此有将人的学习孤立化、简单化的嫌疑。"① 而且，这个理论也无法解释为何学生会不愿意接受输入的信息，例如，为什么学生可能无法记住数学的公式，却可以记住偶像明星的大量细节？

三、建构主义学习理论

自 20 世纪 80 年代以来，教育领域的研究者们开始对行为主义和认知主义的学习理论进行深刻的反思。这些理论往往将学习者放在一个相对被动的位置，认为学习是通过外部刺激和内部认知过程来实现知识的积累和行为的改变。然而，建构主义的提出，标志着对这一传统观念的重大挑战和转变。

建构主义认为，学习是一个积极的、主动的过程，学习者不是被动的知识接受者，而是知识的积极建构者。在这一理念指导下，学习者被赋予了更多的自主性，他们通过与环境的互动、与他人的交流和自我反思，来构建自己的知识体系。这种建构是一个动态的、持续的过程，它不仅仅局限于对现有知识的接受和吸收，更重要的是对知识的深入理解和创新应用。一般来说，建构主义并非是一家之言，而是一种教学与学习理念的革新，它所主张的意涵是把教学过程的核心由知识的传授者转移到知识的学习者本身，认为"情境""协作""会话""意义建构"是学习环境中的四大要素或四大属性。

建构主义学习理论可以概括为四种取向，即激进建构主义学习理论、社会建构主义学习理论、社会文化取向，及资讯加工建构主义学习理论。② 主要包括以下内容观点：

（1）学习依赖于真实的学习情境。建构主义认为，学习是一个深植于情境的过程，知识不可能以实体的形式存在于具体个体之外，尽管我们通过语

---

① 高文. 20 世纪人类学习革命译丛（总序）[M]. 上海：华东师范大学出版社，2002：8.

② 丁家永. 现代教育心理学 [M]. 广州：广东高等教育出版社，2004：40 – 41.

言符号赋予了知识一定的外在形式，甚至这些命题还得到了较普遍的认可，但这并不意味着学习者会对这些命题有同样的理解，因为这些理解只能由个体基于自己的经验背景而建构起来，它取决于特定情境下的学习历程。因此，学习不再是一个被动接受前人总结知识的过程，而是学习者在真实或模拟的情境中，通过亲身体验和实践，主动探索和建构知识的旅程。这种情境化的学习方式强调了学习任务的真实性，如真实性任务和基于问题的学习等方法，它们将学习者置于接近现实生活的情境中，使学习者能够将新知识与现有经验相结合，从而更深刻地理解知识，并能够在实际生活中应用所学。

（2）学习是学习者主动建构的过程。建构主义认为，学习本质上是学习者主动参与和积极探究的旅程。建构主义理念强调，学习不是被动地吸收知识，而是学习者通过主动选择和加工外部信息，将新知识与个人经验相结合，构建出属于自己的意义和理解。在这个过程中，学习者扮演着探索者和发现者的角色，他们需要积极地收集资料、分析信息，通过自己的思考和实践来建构知识。这种主动建构的过程要求学习者具备高度的自主性和批判性思维，深入地思考、探索和质疑，以实现对知识的深刻理解和创新应用。学习者必须亲自参与到这一过程中，因为每个人的知识建构都是独特的，无法由他人代替。这为我们理解和促进学生的有效学习提供了一个新的分析视角，即通过创造支持性的学习环境，激发学习者的主动性和创造性，可以更好地满足学习者的需求，促进他们的全面发展和终身学习。这一过程不仅要求学习者全身心投入，也要求教育者提供适宜的引导和资源，共同营造一个有利于知识建构和意义生成的学习生态。

（3）学习应强调互助合作。建构主义认为[1]，知识是学习者与他人互动、磋商而形成的共识。学习不是通过教师传授得到的，而是一个社会化的过程，是学习者在一定的情境即社会背景下，在与他人的交流和合作中，分享自己

---

[1] 李芒，徐晓东，朱京曦. 学与教的理论 [M]. 北京：高等教育出版社，2007：75.

的想法，同时开放地倾听他人的观点，通过磋商和讨论，不仅达成了对知识的共识，也极大地促进了学习者对知识更深层次的理解和视野的拓展，而且在这个过程中，学习者的沟通能力和团队协作精神也得到了有效的培养和提升。通过这样的学习体验，学习者能够更加主动地参与到知识的建构中，形成深刻的理解和持久的记忆。

（4）学习是有意义的建构。建构主义认为①，知识不是抽象的客观存在，不是外部信息的简单映射，而是学习者在新旧知识和经验间通过反复的、双向的相互作用过程主动构建出来的。这种建构不是被动接受，而是学习者基于个人经验和需求，对信息进行深度加工和应用，将知识转化为个体经验的合理化和实用化。这样的知识建构过程，不仅加深了学习者对知识的理解和掌握，而且有助于学习者更好地将知识应用于实际问题的解决，提高学习的实用性和有效性。

可见，建构主义学习理论强调，只有当前的学习内容与已有的知识经验相联系时，才是有意义的建构，才能发生真正的学习。因此，学习是有意义的建构。建构主义学习理论提倡情境教学、真实性任务教学。这种教学以学生为中心，强调学生对知识的主动探索、主动发现和对所学知识意义的主动建构，教师是意义建构的帮助者、促进者，而不是知识的传授者与灌输者。建构主义理论指导下的教学设计转向了学习环境的设计，强调教学过程对情境的创设，强调资源对意义建构的重要性。建构主义认为学习需要交流和合作，强调合作学习。强调知识要由学习者主动建构的基本观点，则课堂就渐变成以学生为中心，而最典型的口号则莫过于"把时间还给学生"。

在课堂教学中，教师是否可以创设一个真实的情景呢？而当教师尝试把学生带到真实的情景中学习时（如博物馆），教师又如何保证把学生带到一个最有利于学生学习的情景呢？况且，我们期望学生能够掌握的概念知识，

---

① 丁家永. 现代教育心理学 ［M］. 广州：广东高等教育出版社，2004：44.

常是在不同学科领域以不同的概念框架所承载的，当中包含了世代人们多方探索思考的成果，通过个人建构是难以掌握这些知识的；而在课堂上，当真正的"知者"可能只有教师一人的时候，我们更难以想象学生之间的社群互动可以产生深入的知识，更遑论对知识作出独特的见解。

总之，建构主义作为一种教学与学习理念的革新，为教育领域带来了深刻的影响。它强调学习者的主动参与性，提倡知识的主动建构、经验的合理化和共识的形成，为实现教育的个性化、社会化和创新化提供了理论基础和实践指导。

四、脑科学学习理论

大脑作为人类最重要的器官，不仅承载着我们的思想、情感和记忆，更是学习活动的神经基础。脑科学学习理论，正是在这个基础上，通过结合神经科学、心理学、教育学等多个学科的研究成果，形成了一个专门研究大脑如何影响学习过程的跨学科领域。这一理论的发展，让我们对如何通过了解大脑的工作原理来优化学习方式有了更深入的认识。

脑科学学习理论的萌芽可以追溯到 19 世纪末至 20 世纪初，当时神经解剖学的进步为理解大脑的物理结构提供了重要线索。意大利科学家卡米洛·高尔基发明的染色技术，使得科学家首次能够清晰地观察到神经元的形态，而圣地亚哥·拉蒙·卡哈尔则进一步揭示了神经元之间的连接方式，即突触。这些发现为后来的神经科学研究奠定了基础，也为理解大脑如何支持学习提供了重要的生物学证据。进入 20 世纪中叶，随着认知科学的兴起，人们开始更加关注大脑如何支持复杂的认知过程，包括学习、记忆、注意力等。认知科学家通过实验研究，逐步揭示了大脑在这些过程中的作用机制，例如，通过脑成像技术，研究人员能够观察到学习过程中大脑结构和功能的变化，从而为教育实践提供了新的视角。

随着时间的推移，脑科学学习理论不断吸收来自神经科学、心理学、教育学等领域的新发现，形成了一系列有关如何促进学习的理论模型和教学策略。例如，大脑的可塑性理论指出，大脑能够根据经验不断改变其结构和功能，这为教育提供了重要的启示：通过适当的教学方法和学习环境，可以促进大脑的发展，提高学习效率。同时，情绪对学习的影响也得到了重视，积极的情绪状态有助于提高学习者的注意力和记忆力，从而提升学习效果。此外，脑科学学习理论还强调了学习过程中的多感官参与、整体与部分信息的处理，以及个性化教学的重要性。这些理论的应用，使得教育者能够更加精准地设计教学活动，满足不同学习者的需求，促进每个学习者的全面发展。可见，脑科学学习理论是一个不断发展和完善的领域，它通过将神经科学的研究成果应用于教育实践，为提高学习效率和教学质量提供了科学依据和方法指导。随着科学技术的不断进步，这一理论也将会得到新的发展，进而有助于人们更好地理解大脑，更有效地促进学习。

脑科学学习理论认为，学习是一个复杂的认知过程，受到多种因素的影响，其中挑战、情绪、知觉信息处理、记忆系统、大脑的独特性、身体活动以及意义形成都是关键要素。代表性的观点主要体现在十二个方面[1]：①学习效果会因挑战而提升。即当大脑受到适当挑战时，学习会最大化，并且当其感受到威胁时，会产生发自内心的直接反应。因此，一个安全、弹性的环境将使得学习呈现适度的紧张状态，然而考试等情境则会造成过度不安、焦虑状态。②情绪，是统整性学习的关键因素。对于学习而言，情绪与认知不可分离。当情绪出现时，会引发大脑的注意力，而该注意力对于记忆和学习是必要的。因此，创造积极的情绪体验，将有助于提升学习效果。③学习同时涉及聚焦与广泛的知觉信息。大脑会对整个感官情境作出回应。因此，可以有目的地组织广泛的知觉信息，以促进学习。④大脑能够同时处理部分和

---

① Fograty R. 课程统整的十种方法［M］. 单文经，译. 台北：学富文化事业有限公司，2003.

整体的信息。因此，让学习者及时运用所学的技能和概念，则可以使其同时获得两种知觉方式进行信息处理。⑤大脑内有两套记忆系统。即空间记忆系统和死记硬背的记忆系统。这启示教学活动应聚焦于学生的生活世界，使得学习活动彼此关联，同时也需要学习者下功夫记忆，以使其转化为能够长期记忆的知识。⑥大脑是一个平行处理器，能够将多元化的信息同时进行处理，从而促进学习的最大化。⑦学习是一种全面性的身体活动，压力管理、营养、睡眠、运动等均应成为教学过程中关注的重点。⑧每个大脑都是独一无二的，因此面对不同的学习者，应采用多样化的教学方式，做到因材施教。⑨当学习的内容存储于自然的空间记忆系统时，理解与记忆的情况最佳。因此，增加经验性学习的机会，引发相关知识的学习，能够提升学习效果。⑩意义形成的作用是持续发展的。因此，班级必须保持适当的常规，以使意义形成的作用稳定增长。与此同时，班级教学也需要新奇与挑战，以使意义形成的作用持续发展。⑪意义形成的作用，经由统整性的学习而产生。当教学经过系统的方法适度统整后，学习更容易与大脑相容，从而提升学习效能。⑫学习包含意识和无意识过程。因此，教学活动须事先经由经验及反思加以组织，使教学因深层的信息处理过程而受益。

概而言之，人类大脑的功能是高度分化的，但在学习与信息处理时却是环环相扣、不可分割的一个整体，这也再次说明知识与知识之间的联系越紧密，就越能够促进人类的学习，即分科的课程知识越被统一整合，学习也就越有意义和高效，那么培养学生的体育核心素养也就更加有效。

第二节　变易学习理论解析

根据文献梳理与分析，发现学界对变易学习理论的起源、代表人物、主要内容、核心观点、理论发展阶段及其影响均有一些总结与分析。本研究根据研究主题的需要，在借鉴既有研究成果的基础上，尝试对变易学习理论进行更为系统的阐释，以期为本研究提供必要的理论支持。

一、变易学习理论的缘起

卢敏玲（2011）研究指出"变易学习理论的理论根基在于现象图式学"[①]。那么，何谓"现象图式学"？

已有研究成果表明，"现象图式学"是20世纪70年代瑞典歌德堡大学教育系以马飞龙教授为核心成员的研究团队所提出的一种新的研究范式。该研究范式是以人的经验为研究对象，重点关注人对所观察到的现象的具体描述，旨在揭示人类的经验和意识的本质。这与研究"人的行为或心理状态或神经系统"的理论派别有着本质的区别。诚如马顿和布斯（Marton & Booth，1997）所言，"一个研究领域应该由它的研究对象来定义"[②]。

"现象图式学"的发展过程大致可以划分为五个基本阶段[③]：①重点探讨学生学习的差异；②研究人们体验世界方式的差异；③形成解释人们体验世界方式的理论框架；④应用变易学习理论描述及分析课堂教学；⑤使用变易学习理论设计学习环境来促进学习的发生。

总的来看，变易学习理论（Variation Theory）孕育于现象图式学发展的后期，是其重要的组成部分，特别是在第四和第五阶段中发挥了关键性的作用。具体而言，变易学习理论为现象图式学提供了一种解释和促进特定经验体验世界的方式，尤其是在教学和学习环境设计方面，而现象图式学为变易学习理论研究人们如何体验世界提供了不同的方法和视角，两者共同关注学

---

① 卢敏玲. 变易理论和优化课堂教学［M］. 合肥：安徽教育出版社，2011：17.

② Marton F，Booth S. Learning and Awareness［M］. Mahwah，New Jersey：Lawrence Erlbaum Associates Publishers，1997：116 – 117.

③ 彭明辉. 现象图析学与变易理论［J］. 教育学报，2008，4（5）：33 – 38.

习者如何通过经验的变易来发展对世界现象的深入理解。

现象图式学和变易学习理论在瑞典和中国香港地区的教育研究中被广泛应用，特别是在课堂教学分析和学习环境设计方面，显示出了改善教学和促进学习的潜力。比如，研究者们使用变易学习理论通过课堂学习研究，精心设计学习环境以促进有效学习的发生，这也展示了变易学习理论在教学质量改善上的巨大潜能。

二、变易学习理论的内涵

在变易学习理论研究和实践方面，来自香港教育学院的卢敏玲教授和其领导的"课堂学习研究"团队积累了丰富的实践和理论成果，相关主要内容和观点集中在以下几个方面①：

1. 意识结构

人为什么能够看见事物？这是一个值得思考的问题。比如，地上有一本"书"，我们看见了。那么，究竟是什么原因，导致了"书"最终从其周围的环境中被呈现出来，进入我们的视野中而得以被看见？

马顿和布斯（Marton & Booth，1997）的研究成果有助于我们回答该问题，他们指出，"人的意识是有结构性的，即在我们的意识中，有些事物会被聚焦而得以凸显——走到意识的前台，而其他未被聚焦的事物便潜隐到背景里去"。这就是说，当我们观察周围的环境时，意识的聚焦点会集中于某个特定的对象或现象，使其成为我们经验的中心——前台。而其他非聚焦的对象或现象则会退入边缘意识，而成为背景。这种意识的区分使得我们能够从复杂的环境中识别和理解特定的事物。比如，地上的"书"之所以被我们

---

① 卢敏玲. 变易理论和优化课堂教学 [M]. 合肥：安徽教育出版社，2011：6–37.

看见，在这个过程中往往是因为我们的意识，很好地聚焦到了"书"的特征，并把"书"从其周围的环境中区别、凸显出来，也即"书"走到了我们意识的前台，而周围的其他元素则相对模糊，都潜隐到意识的背景中去了，这就使得"书"作为一个独立的实体被审辨出来，进而才能被我们看见。否则，"书"就会与其所在的环境融合为一体而失去其独立性，这样的话，我们也就不可能看见"书"。

假如人的意识不存在结构，那么，按照马顿和布斯（Marton & Booth，1997）的观点来看，将会出现所有的事物在同一时间都会被聚焦，这样带来的结果便是人们的意识一片模糊，将无法明确审辨到任何一个事物，所有的事物对人们而言也就失去了其存在的现实感和意义感。至于"学习"这项人类特殊的活动，也将变成不可能完成的事情。当然，这只是一个假设，事实上人们根本无法在同一时间聚焦于所有的事物，而只能同时聚焦于一些事物的有限特征，从而使得这些被聚焦的特征的事物进入到人们意识的前台而得以被"看见"，对于其他事物来说，尽管其仍然客观存在，但此时却是潜隐到意识的背景里去而与其融为一体，因而出现人们"视而不能见"的结果。

借鉴并运用该观点于体育教学实践中，则可以将"人们聚焦的事物"视为"体育教学内容"。学生的体育"学习"之所以能够发生，其根本条件在于，学生必须聚焦到"体育教学内容"的特征，使之进入到学生的意识的前台，而与"体育教学内容"无关的内容则都应潜隐到学生意识的背景中去。比如，学生甲在足球课上正在独自练习"颠球"技术动作，此时，只有"颠球"内容成为学生甲的意识的聚焦点（等同于我们所说的"教学内容"），将其从周围的环境中凸显出来，学生甲才能有效地完成"颠球"技术动作。

2. 关键特征

通俗地说，"关键特征"就是指事物得以被意识、审辨或注意的关键之处。朱光潜曾撰文指出，"看待一棵古松，可以采用实用的、科学的和美感的三种态度"①，但这三种态度所意识到的却是古松三种不同的面向或维度，我们可以将之称为古松的三个"关键特征"。这就启示我们，在现实生活实践中，即使是面对同一事物，由于其客观存在着多元化的特征，以及"看"的人所意识到的"关键特征"存在着差异，这就会导致人们即使看待同一事物，也会产生不同的视角、立场或观点。

比如，甲同学在运动场跑步，乙、丙、丁同学同时看见了甲同学，并描述自己的发现。乙同学可能会说，"我看见甲穿的是蓝色的运动套装"；丙同学可能会说，"我看见甲戴了一顶白色的帽子"；而丁同学则有可能会说，"我看见甲正在后退跑"。面对同一个被看的"甲同学"，乙、丙、丁同学对其的描述却并不同一，甚至截然不同，原因何在？答案或许就在于：甲同学具有多元的特征，乙、丙、丁同学尽管在同一时间都看到了甲同学，但是他们关注、聚焦于甲同学的关键特征却并不同一，出现了"看见"结果的不同。

那么，具体到体育教学实践来说，道理也是如此。即面对同样的体育教学内容，由于体育教学内容同样存在着多元化的特征，那么，很可能就会造成由于学生"意识"到的体育教学内容的"关键特征"不同，而导致学生之间在掌握"体育教学内容"的数量和质量上存在着差异，这也就为科学分析和有效解释"面对同一教师、同样的教学内容、同一时间上课，为什么有的学生学得更多、更快且更好"提供了一种新视角和方法。

3. 对事物的"看法"

"看法"（Ways of Seeing），是变易学习理论中一个频繁出现，且具有重要意涵的概念。其含义主要是指对人、事、物及其现象所抱持的见解或观点。生活常识表明，"看法"影响甚至直接决定人的行为。然而，人们关于事、

---

① 朱光潜. 我们对于一棵古松的三种态度：实用的、科学的、美感的 [J]. 语文新圃，2003（1）：26 – 27.

物的"看法"，往往又取决于人们与该事、物的"关联结构"。这就启示我们，在体育教学中，一方面需要注重培养学生对学习内容形成高明的"看法"，另一方面则要更加注重学习内容与学生之间的"关联结构"，这样才能激发学生主动学习，进而产生积极的学习效果。

比如，某高校体育教师介绍其任教班级的甲、乙两位学生：学生甲体育课经常性地迟到、偶尔旷课、课上参与不积极、运动技术掌握情况一般，学年末体育课学习成绩仅达到合格标准。经过访谈得知：该生对参加体育课学习的"看法"是——"上体育课纯粹就是为了完成必修任务，期末考试达标即可，混个必修学分罢了，没有什么价值和意义"。基于上述的论断，我们可以推论——正是由于学生甲对参加体育课学习的这种并不高明的"看法"，导致了他的体育课消极参与行为，并最终又直接影响着他的体育学习成绩。

与之相反，对于学生乙来说，日常学习表现及其学习成绩达到优秀等级。经过访谈得知：该生对参加体育课学习的"看法"是——"体育课不是简单的跑跑跳跳、出出汗，或混个学分，而是一种强健体魄、磨炼意志、遵守规则、健全人格、增进友谊的身心并健修炼方式。因此，我很珍惜、期待、积极参与每周仅一次的体育课。"显然，正是由于乙同学与甲同学相比，具有对参加体育课学习的更加高明的"看法"，进而才积极影响了他的体育课参与行为，那么，最终使其体育学习成绩达到优秀等级也就是自然而然的事情了。由此可见，人们的行为反映了他们对事物的看法，而有高明的看法，才会导致高明的响应和行为。

4. 学习必须有所指向

变易学习理论指出，"学习意味着改变了对所学内容或对象的原有看法"[①]。例如"喜欢"一词，意味着其使用者的情意也必然有所指向，指向其

---

① 卢敏玲. 变易理论和优化课堂教学［M］. 合肥：安徽教育出版社，2011：17.

所喜欢的"东西"。我们无法理解也不能想象：只有"喜欢"，却没有指向"某一人或事或物"的"喜欢"。同理，我们也无法理解和接受只有"学习"却没有指向"东西"的所谓"学习"。我们将指向的"东西"称之为"学习内容"。因此，"学习"必须有所指向，这意味着对"学习内容"的看法的改变，因为不存在无内容的学习。

5. 学习内容

卢敏玲（2011）研究指出，"学习内容"在变易学习理论中是一个专用名词，具有独特而丰富的内涵，因而，不能从一般的字面意义上去理解。

第一，"学习内容"不同于"教学目标"。"学习内容"是指向学生学习的起点，是可以随着教学过程而改变的，具有动态性和生成性；而对于"教学目标"来说，则是课前就确定的，具有规范性和指引性。当然，即"学习内容"通常被理解为一种"内容性的教学目标"，"教学目标"的达成又必然是基于学生对"学习内容"的精熟掌握和有效运用，否则，教学目标就是空中楼阁。

第二，"学习内容"具有二重性。一是"专项属性"，即术语、知识、概念等学生应该直接掌握的学科知识，通常指向短期的教学目标。二是"一般属性"，即学生在掌握学科知识的基础上应着重发展的能力，如态度、情感、价值观等，属于间接性的学习内容，通常指向远期的教育目标。

"学习内容"的二重性，启示教师在设计"学习内容"的时候，就不能单纯地围于学科专业知识的系统性、完整性和达成性，还必须从其"一般属性"出发，充分研判"学习内容"与学习者之间的密切联系及其直接或间接的价值与意义，应重点考虑：学生学习学科中某种概念、原理需要什么样的基础；学生可能会如何理解该学习内容，可能面临哪些障碍；学习该内容能够发展学生什么样的能力；学生如何才能学以致用，更好地去理解、认识周围的世界，等等。比如，学生体质健康测试中的女生 800 米跑，一味强调达标成绩，不如深层追问与反思：800 米跑的合格标准对于学生身心健康、社会适应、核心素养发展、日常生活、未来发展等究竟意味着什么？有什么样的意义和价值？不强制要求达标又会对学生、对社会产生什么样的影响？等等。

第三，学习内容的结构及意义。变易学习理论认为，学习，是指从学习对象的外在视野把其审辨出来，意味着学习者对学习内容原有看法的改变，尽管其可能只是所认识事物整体的一部分，但由于学习者可同时体验到与其既往认知经验相联系的其他部分（即该事物得以被审辨的外在视野），从而使学习内容得以与其外部世界建立了某种联系，这种联系便成为整体意义世界的一部分。这就要求学习者在学习时，应审辨到学习内容与其相连的整体世界所对应的关系，这是有意义学习产生的关键。

第四，学习内容的关键特征。如前所述，"关键特征"是决定事物得以被意识、审辨到的关键之处。因此，科学选择了"学习内容"之后，最终能够让学生更充分、更好地掌握"学习内容"，那么，教师就必须科学确定哪些特征是学习内容的"关键特征"，这将直接决定学生对学习内容的审辨质量和效率。为此，一方面教师需要明确学习内容自身内在的逻辑与结构、找出其核心概念、术语；另一方面，教师应全面掌握学生的现实状态和学习需求，结合自己从教的经验和素养，科学预判出可能会造成学生学习存在障碍的那些特征，即所谓的"关键特征"。教师对这些"关键特征"找得越准、越全，那么，学生对学习内容的掌握就可能越全面越好。否则，学生的学习效果将难以得到提高，还可能会被教师简单化地误认为是学生自身能力不足或学习态度不端正，然而真相则是：只是因为教师忽视或没有认识到这些"关键特征"，才导致学生根本就没有机会审辨到这些"关键特征"而已。

第五，学习内容的变易特性。所谓的"变易"是指变化、改变之意。前者是有目的的、聚焦的，而"变动"则是随意的、散乱的。由于课堂教学的复杂性、影响因素的多样性，师生关系的交互性，教学情境的动态性，很可能会导致教师预设的学习内容，难以全部落实到课堂教学实践中，从而表现出一定的变易。而对于学生来说，他们所能学到的内容，一方面取决于教师在课堂上所呈现的学习内容，另一方面，则取决于学生自己的经验、知识、基础、兴趣、意愿、行为表现等要素的影响。这同样会导致学生实际所能学习的内容与教师预设的学习内容出现差异。

6. 学习的发生在于审辨到变易

由前文变易学习理论关于"意识结构"的观点，可知人们根本无法同一时间聚焦于所有的事物，只能聚焦于一些事物的关键特征，从而使得人们能够"看见"某些事物，而对其他事物则会"视而不见"。这些被意识、聚焦到的事物往往具有以下几个特点：

（1）具有与众不同的关键之处。比如，一次旅行偶遇的篮球巨星姚明，一场正式篮球比赛中穿裁判服的执裁者等，正是由于他们在身体形态和职业着装上的与众不同，才会更容易引起人们的注意和聚焦。

（2）在"不变"的背景中保持"变"。比如，一颗闪亮的划过静谧夜空的流星，一座明亮闪烁的为茫茫大海中夜航船舶指引方向的灯塔等，也都是由于在"不变"的背景（静谧夜空、茫茫大海这些）中保持了"变"（闪亮地划过、明亮闪烁），进而更容易引起人们的注意和关注。

比如，在日常生活中，为了引起人们的注意，获得人们的赞美或欣赏，人们往往会穿着艳丽的服装，打扮得花枝招展或与众不同；开会表决意见时，表示同意而举起的"手"。而在自然动物世界中该现象同样大量存在。又如，一些动物具有惊艳的体色，背后的原理可能就在于要引起对其他动物的注意，以便对其他动物产生警示、威慑、恫吓的作用，从而更好地保全自己，正如人类学家所言，"动物和植物的形态特征是为了帮助他们在特定环境中生存繁衍"。

分析上述诸多现象，透析背后深层次的原理就在于，无论是具有与众不同的关键之处，还是在"不变"的背景中保持"变"，客观上都存在着一种

"变易图式"（即保持什么变与保持什么不变），通过这"变易图式"引发了"对比"功能，人们则在"对比"之中，进而意识、审辨到事物的关键特征。具体到学习领域，这就启示教师必须科学处理学习内容，明确什么变、什么保持不变，以利于学生成功审辨到学习内容的关键特征，否则学生的学习就无法真正发生。

综上所述，可以发现，变易学习理论聚焦于学习内容，实质上是一套用以分析说明人们是怎样学习以及如何才能有效学习的学习理论。

第三节 变易学习理论价值

正视行为主义学习理论在忽视学生意义学习方面存在的问题，并不意味着对建构主义学习理论的简单化理解和随意滥用。伯兰斯福特（Bransford，2000）就曾指出，"人们对建构主义存在一个普遍的误解，就是教师应该放手让学生自己去构建知识，而这一点显然违背现代教学理论"[1]。马飞龙（2009）也曾深刻地指出，"讨论、倡导建构主义、学生中心、能力发展、动机等诸如此类的问题时，要明确这些并不会凭空产生，教师不应该放弃他们对学生学习应承担的教育责任"[2]。

上述重要的学习理论，都是基于对知识及人类学习的认识而产生，只不过各自所关注的维度、内容存在着侧重和差异。诚如郑葳等（2006）指出，"行为主义原则倾向于从技能的获得来看学习，认知主义原则则倾向于从概念理解、思维及理解的一般策略的增长来看学习；而建构主义原则又倾向于

---

[1] 约翰·D. 布兰斯福特，安·L. 布朗，罗德尼·R. 科金，等. 人是如何学习的：大脑、心理、经验及学校 [M]. 程可拉，孙亚玲，王旭卿，译. 上海：华东师范大学出版社，2002.

[2] 马飞龙. 什么是好的教学：就中国教师关心的问题访问马飞龙教授 [J]. 人民教育，2009，8：38 – 40.

从更有效地参与探究及对话的实践活动来看学习，这些实践包括概念意义的建构和技能的使用"①。

无疑，上述学习理论均具有一定的先进性，但是，将学习理论直接应用到教学实践中，以充分发挥其解释、指引教学实践的作用，却不是一件容易的事。一方面，缘于理论与实践天然的边界性、独立性；另一方面，则很可能是由于这些学习理论均不是从课堂教学实践中生发而来，如"行为主义"是以观察实验室里的各种动物的反应为基础，"认知主义"是从电子计算机（电脑）的运作中得到启发，而"社会建构主义"则是以观察社会上不同行业的人如何建立起行业相关的知识发展而来，这就会造成将它们应用于课堂教学实践时面临着诸多的难题与挑战。②

经过数十年的发展，将学习理论应用在教学实践上，关注的焦点也逐渐由以教师为中心的"教"转向以学生为中心的"学"，也就是由"传授"知识转到"建构"知识，并强调由学习者自己创造意义。虽然如此，实际的课堂教学中，教师和学生依然会遭遇到很多无法解决的问题。所以，也有学者倡议问题不是要决定哪一种理论最好，而是针对一个具体的学习任务时哪一种理论最为有效。③ 事实上，在一个真实的、常态的体育课堂教学环境中，往往会受到多种学习理论的共同影响和支持。比如，教师关注学生运动参与的学习行为，通过表扬及时肯定学生积极的学习行为，通过批评促使学生改变消极的学习行为，就符合行为主义学习理论；通过讲解、示范等加深学生对动作技术知识的认识和理解，就符合认知主义学习理论；通过小组合作研究性学习，则又符合建构主义学习理论。因此，这就提示教师在课堂教学中要活用学习理论，充分彰显学习理论之于学生学习的解释力和指导力。

---

① 郑葳，王大为. 生态学习观：一种审视学习的新视角 [J]. 心理科学，2006，29（4）：913 - 915.

② 郭永贤. 课堂学习研究概论 [M]. 合肥：安徽教育出版社，2011：32 - 51.

③ Ertmer P A, Newby T J. Behaviorism, cognitivism, constructivism: comparing critical features from an instructional design perspective [J]. Performance Improvement Quarterly, 2013, 26（2）：50 - 72.

尤其值得注意的是，在教学实践应用中，上述学习理论往往侧重于关注教学过程的改进与优化，至于什么是学习内容？如何选择、呈现、设计学习内容等更为关键和根本的问题尚没有得到足够的关注和深入的研究，以至于教师在选择教学策略时，往往因为忽视了教学内容，导致无法带来预期的教学成果。比如，行为主义的学习理论强调学习的成果表现为个体行为的改变，因此教学中评估学生的行为改变非常关键；认知主义的学习理论认为学习成果是个体智慧结构的改变，学习过程非常重要；而建构主义的学习理论则认为"通过社群互动产生知识"。学习方法固然重要，学习成果可以是有效课堂教学的标准之一，但是，我们仍需强调学习内容，以便发挥课堂教学的最大功效。"关注学习内容"的重要性往往显现在课堂教学的不同维度上面。

一个普遍的教学现实是，无论什么样的课堂教学上，总有一些学生比其他学生学得更快、更多、更好。究其原因就在于，体育教学中客观存在着学生的个体差异。根据现代教学论的研究成果，只有正视学生个体的差异性，充分地尊重、关照到学生的个体差异性，才能真正面向全体学生，体现以学生的发展为中心的理念，也才能切实地提高体育教学的质量和效率。然而，由于既有的学习理论在对学生学习内容上的关注存在缺失和不足，导致它们对于照顾学生的个体差异[1]，帮助学生有效地掌握学习内容，改进体育教学，提高体育教学质量等方面难以产生积极有效的影响。

国内外已有大量的课堂教学实践及研究也表明[2]，马飞龙教授及其研究团队所提出的变易学习理论，不仅是一个能够用来深入分析、解释教与学的内容、机制及其学习成果的先进理论，而且是一个能够用来有效指导教师更好地教、促进学生更好地学的有效理论，还是一个能够切实提高教学质量和

---

[1] 卢敏玲，庞永欣. 课堂学习研究：如何照顾学生个别差异 [M]. 北京：教育科学出版社，2006.

[2] 卢敏玲. 变易理论和优化课堂教学 [M]. 合肥：安徽教育出版社，2011：201-210.

效率的实用理论。

变易学习理论以课堂教学为出发点和最终归宿，聚焦于课堂教学的核心要素——教学内容而所提出的深刻理论洞见，之于新时期我国强化体育课，拓展和深化学界对体育教学内容内涵、品性的学理认识，科学而有效地选择、设计、呈现最有价值、最适切的体育教学内容，进而促进学生的有效学习，不断提高体育课的教学品质等同样具有极其重要而深刻的认识论和方法论意义。长期以来，学界存在着体育教学究竟是以"学生为中心"还是以"教师为中心"的争论，至今依然是见仁见智。而变易学习理论提出的"学习内容"（object of learning）的概念，可为破解这一难题提供一种新的进路、方案或平衡点，即以"学习内容为核心"作为教学中有机联系教师和学生的焦点。因此，积极引入变易学习理论作为体育教学内容分析的理论基础，可为一线体育教师科学把握体育教学的内涵，并为如何解释、改进与优化体育教学内容设计提供具体、可行、有效的实践指引，进而提高体育教师的教学专业素养。

第四节　本　章　小　结

本章在概述主流学习理论的基础上，重点对变易学习理论的理论起源、核心内容、主要观点等进行了解析，并提出了变易学习理论对于深化体育教学内容研究及其实践应用的重要意义和价值。通过研究发现：

第一，由于知识观的不同，引发了人们对学生及其学习内容、学习方法、学习内在机制等产生了新的认识和理解，形成了不同的学习理论。而不同的学习理论会对教学实践产生深刻而持久的影响。

第二，行为主义学习理论、认知主义学习理论、建构主义学习理论、脑科学学习理论等主流学习理论，都是基于对知识及人类学习的认识而产生，但各自所关注的维度、内容存在着侧重和差异。

第三，每种学习理论均具有二重性，既具有一定的先进性，也存在一定的局限性。在实际的教学实践中，需要秉持辩证唯物主义的态度对待。

第四，变易学习理论，以课堂教学为出发点和最终归宿，聚焦于课堂教学的核心要素——教学内容，其实质上是一套用以分析说明人们是怎样学习，以及如何才能更有效地学习的理论。

第五，变易学习理论，不仅是一个能够用来深入分析、解释教与学的内容、机制及其学习成果的先进理论，而且是一个能够用来有效指导教师更好地教、促进学生更好地学的有效理论，还是一个能够切实提高教学质量和效率的实用理论。

第六，变易学习理论对于拓展和深化学界对体育教学内容内涵、品性的学理认识，科学而有效地选择、设计、呈现最有价值、最适切的体育教学内容，进而促进学生的有效学习，实现高质量的体育教学，促进学生核心素养的发展等具有重要的认识论和方法论意义。

第四章

基于变易学习理论的体育
教学内容变易图式阐释

第一节　体育教学内容变易的内涵解析

一、变易

如何理解"变易"？"变易"作为自然界、人类社会和思维领域中的一种普遍现象，是一个多层次、多维度的核心概念。它不仅体现在物质状态的转变和宇宙的演化中，也体现在社会结构的演进和个体心理的发展上，具有丰富的内涵和深远的影响力。

　　首先，自然界中的"变易"是一种基本特性，主要表现为物质状态和宇宙结构不断转变的过程。物理学中，"变易"体现为物质状态的转变，如固体、液体和气体之间的相互转化，以及更微观层面上粒子的衰变和重组。这些变化遵循着自然界的基本规律，如能量守恒和热力学定律。宏观上，宇宙的膨胀和星系的形成也是"变易"的体现，它们揭示了宇宙从诞生到演化的宏大过程。"变易"在自然界中的普遍性，促使科学家们探索其背后的原理和机制，从而更深刻地理解我们所生活的世界。例如，量子力学揭示了在微观尺度上粒子状态的不确定性和概率性，而相对论则改变了我们对时间和空间的传统认识，展示了在高速运动中时间和空间是如何相对变化的。

　　其次，人类社会中的"变易"主要表现为文化、技术、经济和政治的演进。随着时间的推移，社会结构、价值观念、生活方式都在不断地发展和变化。例如，工业革命带来了生产方式的变革，信息时代则推动了知识的传播和交流方式的革新。社会"变易"的动力源于人类对更好生活的追求和对未知世界的探索。在这个过程中，教育扮演着至关重要的角色，它通过传递知识、培养能力和塑造价值观，促进了社会的进步和个体的发展。教育内容的更新和教学方法的创新，都是对"变易"的适应和响应。教育者需要不断地学习和适应新的教学技术和理念，以更好地满足学生的学习需求。

　　最后，个体层面上的"变易"主要体现为个体心理和认知的发展。每个人的思维、情感和行为都会随着经历和环境的变化而变化。心理学研究表明，个体在成长过程中会经历不同的发展阶段，每个阶段都有其特定的心理特征和需求。例如，皮亚杰的认知发展理论描述了儿童从感觉运动阶段到形式运算阶段的认知发展过程。教育学中的"变易"则关注如何通过教学内容和方法的调整来适应学生的发展变化，以促进其全面成长。个体的自我反思和终身学习是应对变易、实现自我超越的重要途径，在不断变化的世界中，个体需要不断更新知识和技能，以适应新的挑战和机遇。

　　此外，"变易"在哲学中与存在、时间和因果关系紧密相连。哲学家们探讨了"变易"的本质及其对我们理解世界的影响。例如，赫拉克利特的流变哲学认为，世界是不断变化的，而柏拉图则区分了永恒不变的理念和变化的物质世界。在现代哲学中，存在主义强调个体的自由和选择，认为个体的存在是通过不断地选择和行动来实现的，这些选择和行动本身就是"变易"的过程。"变易"还与伦理学有关，因为它涉及个体如何在不断变化的世界中做出道德判断和选择。一些伦理理论，如功利主义强调行为的后果和结果的变化，而德性伦理则关注个体在变化中培养的品格和德性。在伦理学中，"变易"要求个体具备灵活性和敏感性，能够及时调整自己的行为和决策，以适应不断变化的道德环境。

综上所述，"变易"是一个多层次、多维度、跨学科的概念，它不仅体现在自然界的物质变化中，也体现在人类社会的文化演进和个体的心理发展中。对"变易"的理解要求我们具备跨学科的视角和深入的洞察力。通过对"变易"的深入研究，我们可以更好地把握事物的发展规律，预测未来的发展趋势，并在变化中寻求创新和突破。同时，"变易"也提醒我们，无论是在科学研究、社会发展还是个人成长中，都需要具备适应性和灵活性，以应对不断变化的世界。"变易"是人类世界的一个永恒主题，意味着挑战与机遇并存，要求我们在不断变化的环境中找到自己的位置和方向，不断适应和引领变化，以实现个体和社会的持续发展。

二、体育教学内容变易

基于对"变易"这一重要概念的理解，结合前文对体育教学内容的内涵阐释，可以从以下三个方面进一步分析体育教学内容变易的具体内涵。

首先，从时代发展的社会需求来看，体育教学内容的"变易"与时代发展的社会需求紧密相连，并随之而不断演进。具体而言，随着时代的发展，人们对健康、娱乐和竞技体育的需求日益增长和多样化，这种需求的变化直接影响着体育教学内容的更新和发展。例如，随着健康意识的提高，体育教学开始更多地融入健康教育的理念，强调运动对身心健康的促进作用。这一点体现在教学内容中，不仅要求学生掌握运动技能，更应重视培养学生的健康生活方式和运动促进健康的能力。同时，一些新兴体育运动项目的出现，如高尔夫、潜水、极限运动、电子竞技等，往往与现代生活紧密相关，能够激发学生的参与热情，满足他们对于新鲜、刺激的体验追求，也促使体育教师具备敏锐的社会观察力和持续的学习态度，能够及时捕捉时代发展的变化，与时俱进地更新、扩展和丰富体育教学内容。

其次，从学生发展的学习需要来看，学生的个体差异性普遍存在，每个学生都有不同的身体条件、运动技能基础、个性心理和学习需求，这就客观要求体育教学内容应当在针对性、适切性和灵活性等方面体现出某种或某些"变易"，以面向全体学生，满足学生身心健康全面发展的需求，实现体育教学立德树人的目标。例如，针对学生的身心特点和发展需求，小学学段的体育教学内容可以侧重于基本运动技能的培养和运动兴趣的激发，中学学段的体育教学内容可以更加注重运动技能的提高和竞技体育的参与，而对于一些特殊的学生，则可以通过使用辅助工具、调整运动强度等确保特殊学生能够平等、高质量地参与体育教学活动，进而提高他们的身体素质，增强他们的自信心和社交能力。此外，实际的体育教学过程中，体育教师还应对学生的个体差异性保持高度的敏感，可以通过观察和了解学生的需求和特点，灵活地采用小组教学、个别指导等方式方法，最大化地满足不同学生身心全面发展的学习需求。

最后，从体育教学内容自身来看，体育教学内容的"变易"特性主要体现在其构成要素的多元化、要素关键特征的多样性，以及要素呈现形式的多样化上。比如，知识是构成体育教学内容的核心要素之一，对知识进行系统的分类有助于体育教师更好地理解不同类型的信息和技能，以及它们是如何被获取、存储和应用的。按照知识的类型，体育教学内容既可以划分为显性知识内容和隐性知识内容，又可以划分为陈述性知识内容、程序性知识内容、条件性知识内容、理论性知识内容、实践性知识内容、元认知知识内容、情境性知识内容等类型。其中，主要涉及运动技能执行和运动表现提升的程序性知识，又可以划分为基本运动技能（跑、跳、投、接、平衡、协调等）和包含特定运动项目技术动作的专项运动技能（篮球的运球、投篮，足球的盘带、射门，网球的发球、击球等）。这些程序性的知识又可以通过实际的教学、训练、竞赛等形式进行反复的实践和刻意的练习来获得。

综上所述，所谓的"变易"，就是变化、改变的意思。相应地，"体育教学内容变易"就是指体育教学内容在某些方面的变化、改变。换言之，"体育教学内容"并不是静态、固化不变的，而是在特定的体育教学环境和情境下，体育教师的"教"和学生的"学"在互动过程中不断得以发展和完善的，具有历时性和共时性的二重特性。通过对体育教学内容变易的深入理解和积极应对，我们可以不断地优化体育教学内容设计与实施，进而有助于切实提高体育教学的育人质量。

第二节　体育教学内容变易的分析视角

历时性、共时性及其二者的有机整合是具体分析体育教学内容变易的三个不可或缺的重要视角，具有重要的认识论和方法论意义。

一、"历时性"分析视角

"历时性"分析是一种分析事物的方法，与"共时性"分析相对。它关注的是事物随时间变化和发展的过程，凸显时间的连续性和事物发展的历史性，通过考察事物在不同时间节点的状态和变化，来理解其演变的轨迹和内在逻辑。

在不同的学科领域，"历时性"分析可以有不同的应用和侧重点。比如，在历史学科领域，历史学家使用历时性分析来研究历史事件的发展过程，探讨不同历史时期的变化和联系。在语言学科领域，语言学家通过历时性分析来研究语言的演变，了解语言随时间的变迁和发展。在社会学科领域，社会学家使用历时性分析来研究社会结构、文化习俗或社会运动的发展过程。在经济学科领域，经济学家可以使用历时性分析来研究经济周期、市场趋势或政策变化对经济的影响。

从教学"历时性"的分析视角来看，体育课教学与语文、数学、科学、外语等其他学科课程教学一样，是一个结构化和系统化的完整过程，具有时间上的连续性和阶段性，以及特定的目标和任务。比如，可以划分为"课前""课中""课后"三个连贯统一的环节。其中，"课中"又可以划分为"课的开始准备部分""课的主体教学部分"和"课的结束放松部分"。因此，对于体育教学内容的"历时性"分析，又内含着"课前体育教学内容""课中体育教学内容"和"课后体育教学内容"三个具体的分析维度。

所谓体育教学内容的"历时性"分析视角是指在体育教学过程中，对教学内容的发展、变化和演进进行系统的、时间序列上的考察和分析。这种分析视角有助于深入理解体育教学内容的演变过程，发现体育教学内容之间的内在联系，更好地理解体育教学内容的时代属性，进而预测未来体育教学内容的发展趋势和样态。

二、"共时性"分析视角

"共时性"是由瑞士心理学家卡尔·荣格（Carl Gustav Jung）提出的概念，它描述了一种心理现象，即两个或多个事件在时间上同时发生，而这些事件在表面上看似没有因果联系，但在意义上却表现出相关性或相互呼应。

荣格认为"共时性"是一种非因果性、非时空性的关联，是一种特殊的、有意义的巧合。

"共时性"作为一个概念，在科学界仍然存在一些争议，因为它难以用传统的科学方法进行检验和量化。在不同的文化和信仰体系中，"共时性"有着不同的表现和解释，它可能与宗教、神秘主义或哲学思想相联系。对于艺术家和创作者来说，可能会在创作过程中体验到共时性，将看似不相关的元素结合在一起，创造出新颖的作品。对于个体而言，"共时性"事件可能具有深远的个人意义，它们可以触发个体的自我反思和心理变化，激发对生活、宇宙和存在本质的深层次思考。

总体而言，作为事物的分析方法，"共时性"分析关注的是某一特定时间节点或时间段上事物的状态和特征，而不是它们随时间的变化，这是一个复杂的过程，涉及心理学、哲学、文化研究等多个领域，其能够挑战人们对时间、空间的传统理解，提供一种探索人类经验深层次联系的视角。通常来说，"共时性"分析与"历时性"分析相对应，两种分析方法各有优势，都有助于人们更全面地理解、认识事物的复杂性、深刻性。

从教学"共时性"的分析视角来看，学界对教学的构成要素说，尽管存在着"三要素说""四要素说""五要素说""六要素说""七要素说"等不同观点，但经过比较分析之后发现，教师、学生和教学内容三个要素均是各种"要素说"中所包含的共同内容，而且三者之间关系密切，既相对独立又交互作用，共同呈现了一个丰富的关系图景，直接决定着体育教师的"教"和学生的"学"，以及最终体育"教与学"的质量和效率。由此，可以判断得出"体育教师"（命名为 T）、"学生"（命名为 S）和"体育教学内容"（命名为 C）是共同构成"体育教学"不可或缺的核心要素，三者之间具有辩证统一的密切关系（见图 4-1）。具体而言，则又体现在以下三个面向。

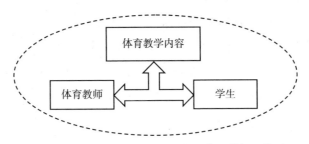

图 4 - 1　体育教学三大核心构成要素及其相互关系

（1）从"体育教师"（T）来看，"体育教师"（T）是"学生"（S）和"体育教学内容"（C）二者联结的桥梁。一方面，体育教师需要精心筛选出能够落实体育课程目标又适切学生身心特点、学习兴趣与需求的优质体育教学内容；另一方面，体育教师需要运用示范、讲解、团队合作学习、游戏竞赛等方式方法去呈现、教授体育教学内容，积极引导学生高质量地掌握体育教学内容。

（2）从"学生"（S）来看，一方面，学生学习的对象是体育教学内容；另一方面，学生高效学习体育教学内容又必须仰赖于体育教师的精心设计和专业教授。

（3）从"体育教学内容"（C）来看，"体育教师"（T）和"学生"（S）均是体育课堂教学的主体，具有自身独特的应有价值，而"体育教学内容"（C）既是体育教师精心挑选出来的对象、学生学习的对象，也是师生交互作用的中介，还是体育课程与教学目标的具体化、体育教学方法与策略选择的根本依据。可以说，正是"体育教学内容"（C）架起了二者沟通、互动的桥梁。

因此，基于"共时性"分析视角的体育教学内容研究，又内含着"体育教师"（T）和"学生"（S）两个具体的分析维度。

三、"整合性"分析视角

（一）"历时性"与"共时性"分析视角的整合

由前文分析可知，"历时性"与"共时性"是分析体育教学内容的两大视角，二者又包含着不同的具体维度，但是进一步分析后发现，"历时性"分析视角与"共时性"分析视角二者又具有整合性。

一方面，从基于"历时性"分析视角所内含的"课前""课中"和"课后"三个具体分析维度来看，每一分析维度又均包含着"体育教师"（T）、"学生"（S）和"体育教学内容"（C）三个核心要素。

另一方面，从基于"共时性"分析视角所内含的"体育教师"（T）和"学生"（S）两个具体分析维度，以及"体育教学内容"（C）自身这个维度来看，三者均又或隐或显地一以贯之于"课前""课中""课后"三个连贯统一的体育教学环节中。

因此，基于"历时性"分析视角与"共时性"分析视角的整合视角，就又可以成为具体研究体育教学内容的新的重要视角。

（二）"整合性"分析视角下的体育教学内容变易解析

1. 从"体育教学内容"（C）这一具体分析维度来看

从"体育教学内容"（C）这一具体分析维度来看，其一以贯之于"历时性"分析视角所内含的"课前""课中"和"课后"三个具体分析维度中。据此可以将"体育教学内容"（C）划分为三种不同的类型：①课前预设的体育教学内容（命名为 C_1）；②课中实践的体育教学内容（命名为 C_2）；③课后测评的体育教学内容（命名为 C_3）。

2. 从"变易学习理论"的深刻洞见及其之于"体育教学内容"（C）理论研究的启示来看

从"变易学习理论"的深刻洞见及其之于"体育教学内容"（C）理论研究的启示来看，上述"体育教学内容"（C）的三种具体类型——课前预设的体育教学内容（C_1）、课中实践的体育教学内容（C_2）和课后测评的体育教学内容（C_3），其实质是"体育教学内容"（C）在整个体育教学过程中所呈现三种重要变易类型，我们分别将之称为：①体育教学内容变易的课前预设之维（命名为 C_1V_1）；②体育教学内容变易的课中实践之维（命名为 C_2V_2）；③体育教学内容变易的课后测评之维（命名为 C_3V_3）。

3. 从体育教学"历时性"与"共时性"整合的分析视角来看

从体育教学"历时性"与"共时性"整合的分析视角来看，基于"共时性"分析视角所内含的"体育教师"（T）和"学生"（S）两大主体，以及"体育教学内容"（C）自身，进一步去全面、深入地审视、发掘"体育教学内容变易的课前预设之维"（C_1V_1）、"体育教学内容变易的课中实践之维"（C_2V_2）和"体育教学内容变易的课后测评之维"（C_3V_3）等多维图式，对于学界更深刻地认知、理解三者之间的密切关系，更科学有效地"应变"，更好地推进体育教学内容理论与实践的创新发展不无裨益。诚如陈美如（2007）针对"学生如何理解课程教学内容"所言：课程的理解除了课程内容与材料，至少还包括了课程学习过程中的教与学、对自己学习该课程的觉察、与他人的互动，甚至包括整体的环境等，都是课程理解的范围。①

第三节　体育教学内容变易的图式阐释

一、体育教学内容变易的课前预设之维

凡事预则立，不预则废。"课前预设的体育教学内容"（C_1）是指在正式

---

① 郭昭佑，陈美如. 儿童的课程理解：以自然与生活科技学习领域为例［J］. 教育资料与研究，2013（109）：139 − 170.

的体育课堂教学前，体育教师、学生对课中教学或课后教会（学会）的体育教学内容的一种期待、定位、计划及其预先安排，是体育教师备课、学生向学的核心关切。强调体育教学内容的课前预设，不仅体现了体育课堂教学作为一种有目的、有计划、有组织的系统化正规育人活动的基本特性，而且是习得预期的体育教学目标，实现更高质量的体育教学的客观要求。

从"体育教师"（T）和"学生"（S）两个维度来看，"课前预设的体育教学内容"（C_1）存在着两类主要"变易"，具体表现为：①基于"体育教师"（T）的主体维度，对课前体育教学内容在认知、理解、预设上所呈现的"变易"，我们将其称为"体育教师对体育教学内容预设上的变易"（命名为C_1V_1T）；②基于"学生"（S）的主体维度，对课前体育教学内容在认知、理解、预期上所呈现的"变易"，我们将其称为"学生对体育教学内容预期上的变易"（命名为C_1V_1S）。

"课前预设"是实现高质量体育教学的前提和核心所在。因此，深入分析和揭示"体育教学内容变易的课前预设之维"（C_1V_1），有利于体育教师更好地"知变""识变"进而更科学、有效地积极"应变"和"善变"，最终落实"以学生发展为中心"的体育教育教学理念，切实提高"课前预设的体育教学内容"（C_1）的设计品质和效率，无疑具有重要的课程与教学设计、实践的价值和意义。

（一）体育教师对体育教学内容预设上的变易

一般而言，"课前预设的体育教学内容"（C_1）主要是由"体育教师"（T）个体或群体（如教研组、教学团队）主导完成，而"学生"（S）很少甚至没有参与其中。尽管体育教师也有对学生学情的分析与把握，但往往是整体性的，比较模糊，不够清晰、精细。

"体育教师"（T）在预设"课前的体育教学内容"（C_1）时，往往要受到自身的专业知识、技能、品性、教学风格、教学观、学生观，教师自身对体育课程标准的认知、理解、定位和转化，以及可资利用的体育教材等多种因素的影响和制约，这就会导致"体育教师"（T）这个主体维度对"课前预设的体育教学内容"（C_1）存在认知、理解、预设上的"变易"。具体又表现为三种类型：①体育教师课前"能教"的体育教学内容（命名为 $C_1V_1T_1$）；②体育教师课前"想教"的体育教学内容（命名为 $C_1V_1T_2$）；③体育教师课前"应教"的体育教学内容（命名为 $C_1V_1T_3$）（见表 4 −1）。

表 4 −1　　　　　体育教师对体育教学内容预设上的变易（C_1V_1T）

变易名称	变易类别
体育教师对体育教学内容 预设上的变易（C_1V_1T）	体育教师课前"能教"的体育教学内容（$C_1V_1T_1$）
	体育教师课前"想教"的体育教学内容（$C_1V_1T_2$）
	体育教师课前"应教"的体育教学内容（$C_1V_1T_3$）

1. 体育教师课前"能教"的体育教学内容

体育教师课前"能教"的体育教学内容（$C_1V_1T_1$），是指侧重于从体育教师的专业技能水平、体育教学的物理环境、学生身心发展的阶段性特征和规律，以及教育教学自身的规律等影响和制约体育教学内容实践的主客体要素出发，选择和设计预期的体育教学内容。

首先，体育教师的专业技能水平是其进行教学的基石，这种技能的深度和广度直接影响着体育教师在课前对体育教学内容的设计。比如，擅长篮球运动技术的体育教师，不仅掌握了过硬的篮球基本技术技能，如运球、投篮、防守和进攻策略，而且对篮球运动的历史、文化和发展等也有着深刻的理解。这种全面的专业素养有利于体育教师在篮球课堂上灵活运用示范、讲解、小组讨论和实战演练等教学方法，促进学生能够全面而深入地学习、理解和参与篮球运动。然而，专业技能方面的优越性也可能导致教师在体育教学内容选择上表现出显著的倾向性——更关心"篮球"运动知识、技术与技能方面的教学、训练和指导,即"我知道什么""我会什么",而很少甚至没有去关心这些"知识""技术""技能"是不是其所教学生需要的或想学的内容。显然,这种倾向性无法有效满足学生的真实学习需求,尤其是那些对篮球运动内容不感兴趣或希望尝试其他运动项目学习的学生来说,更是如此。因此,体育教师应该采取一种开放和包容的教学态度,在专业技能精熟的基础上,不断拓展自己的综合育人素养,主动关注学生的个性化需求,设计多样化的体育教学内容,最大化地促进学生的全面发展和满足学生的多样化需求。

其次,体育教学的物理环境同样影响体育教师对教学内容的选择。不同的场地条件、器材设施等都会限制或促进某些体育运动项目的教学。例如,在南方地区,由于气候温暖、水源丰富,游泳课成为体育教学中的一项重要内容。学校可以利用现有的游泳池或者河流湖泊等自然水域,开展游泳技能的教学和训练,帮助学生掌握游泳的基本技巧,增强水性,提高自救和救人的能力。而在北方地区,由于冬季气候寒冷、冰雪覆盖,冰雪运动项目课程则成为体育教学的一大特色。学校可以利用当地的冰雪资源,开设滑雪、滑冰、冰球等冰雪运动课程,让学生在体验冰雪运动的乐趣的同时,锻炼身体的协调性和平衡感,培养勇敢顽强的意志品质。此外,一些学校可能拥有先进的体育馆和运动设施,可以开展篮球、足球、排球等室内体育项目的教学。这些室内场地为体育教学提供了更多的灵活性和选择性,使教师可以根据学生的兴趣爱好和身体状况,选择合适的教学内容和方法。然而,也有一些学校由于场地和设施的限制,可能只能开展一些简单的体育活动,如跑步、跳远、投掷等。在这种情况下,体育教师需要充分发挥自己的创造力和教学智慧,利用有限的资源,设计出既安全又有效的教学方案,激发学生的运动兴趣,提高学生的身体素质。

再次,学生的身心发展特点也是体育教师选择教学内容时必须考虑的重要因素。不同年龄段的学生具有不同的身体条件和心理特点,体育教师需要根据学生的发展阶段来设计适宜的教学内容，以确保教学内容与学生的实际需求和能力相匹配。例如，小学生正处于生命成长的关键期，他们的身体结构和功能都在经历着日新月异的变化。肌肉、骨骼和神经系统的迅速发展，为运动技能的学习提供了天然的沃土。因此，体育教师在设计教学内容时，应该将重点放在基础运动技能的培养上，如跑步、跳跃、投掷等。这些基础技能不仅能够增强学生的体质，还能为他们日后参加更为复杂的体育活动打下坚实的基础。同时，鉴于小学生活泼好动的特点，教师应采用富有创意和趣味性的教学方法，以调动他们的学习热情和参与度。而对于高中生来说，处于一个身心发展的关键阶段，他们的身体已经接近成人水平，心理也日趋成熟。这一时期，学生不仅在生理上具备了学习复杂运动技能的条件，心理上也更加渴望挑战和自我实现。因此，体育教师在教学内容的设计上，应充分考虑到高中生的这些特点，不仅要注重学生运动技能的提升，更要关注学生心理素质的培养和个性品质的发展。通过丰富多样的教学内容和方法，体育教师可以帮助高中生在体育领域实现更高层次的自我超越，同时也为他们未来的学习和生活打下坚实的基础。如引入更为复杂专业的运动技巧，引导学生学习阅读比赛，分析对手的战术布局，以及在实战中灵活运用战术的策略等。

最后，教育教学的基本规律为体育教师进行教学内容设计提供了重要的指导。教师需要在遵循这些规律的基础上，不断创新和优化教学方法，以实现教学内容的科学性、合理性和有效性，激发学生的学习兴趣和参与热情，促进学生的全面发展。比如，教育学原理强调教学内容应与学生的认知发展水平相匹配。这意味着体育教师在设计体育教学内容时，需要考虑学生的年龄特点和认知能力，确保体育教学内容既不会超出学生的认知理解范围，也不会过于简单，以至于无法激发他们的思考和探索。又如，心理学原理指出，积极的学习动机是提高学习效果的关键因素。这就客观要求体育教师应设计富有吸引力的教学活动，如互动游戏、团队合作和比赛挑战等，以充分激发学生的参与兴趣和内在学习动机。此外，心理学原理还提示我们，情感因素在学习过程中起着十分重要的作用。一个积极、支持性的学习环境，能够增强学生的自信心和归属感，从而提高他们的学习效果。因此，体育教师在教学中应注重建立良好的师生关系，鼓励学生表达自己的观点，尊重学生的多样性。

2. 体育教师课前"想教"的体育教学内容

体育教师课前"想教"的体育教学内容（$C_1V_1T_2$），是指侧重于从体育教师的性格、态度、风格、情感、意愿等心理状态和主体能动性出发，基于体育教师对体育与健康课程标准的理解和把握，结合在长期体育教学实践中自身积累的大量关于学生、体育教学内容的理解等方面的内隐的、个人的实践性知识和经验，再加上在课前通过访谈和前测获得的学情，选择和设计预期的体育教学内容。

首先，体育教师的性格特征对教学内容的选择和设计具有显著的影响。一位性格开朗、热情洋溢的教师，往往能够以其积极的情绪感染学生，创造出充满活力和热情的学习环境。这样的教师更倾向于选择那些能够促进学生积极参与、互动交流的教学内容。例如，团队竞赛不仅能够锻炼学生的运动技能，还能培养他们的团队精神和协作能力。互动游戏则能够让学生在轻松愉快的氛围中学习，提高他们的学习兴趣和运动参与度。相反，一位性格内向、沉思型的教师，往往更注重培养学生的独立思考能力和个人拼搏精神，他们可能更偏向于选择那些需要深度思考和个人技巧练习的教学内容，如瑜伽或太极拳这些项目不仅能够帮助学生锻炼身体，还能引导他们学会调整呼吸、集中注意力，从而达到身心和谐统一的境界。通过这样的教学内容，体育教师可以引导学生探索自我、认识自我，培养他们的自我控制能力和情绪管理能力。

其次，体育教师的教学态度也决定了其对待教学内容的认真程度和创新精神。一位认真负责的体育教师会深入研究体育与健康课程标准，以严谨的态度对待体育教学的每一个环节，并确保体育教学内容的科学性和系统性。例如，篮球课程中，认真负责的体育教师会合理地安排教学进度，从篮球的基本规则、技术动作到战术运用等，确保体育教学内容的连贯性和完整性，教学中会关注每位学生的学习进展，及时提供个性化的指导和支持，不仅能够帮助学生扎实地掌握篮球的基本知识和技能，还能够促进学生的全面发展，培养他们的团队精神、竞争意识和自我挑战能力，为他们的健康成长和终身学习奠定坚实的基础。而一位富有创新精神的体育教师，则会在体育教学内容中融入新的元素，使之更加生动有趣，并不断探索新的教学方法和手段，以更好地适应不断变化的教育需求和学生学习的现实需要。而富有创新精神的体育教师则会尊重学生的个性和差异，鼓励学生发挥自己的想象力和创造力，并会为学生提供适合其特点的学习机会和支持条件。

再次，体育教师的教学风格和情感投入对教学内容的选择同样具有不可忽视的影响。一位幽默风趣的教师，可能会设计一些寓教于乐的教学活动，让学生在轻松愉快的氛围中学习。比如，在教授足球规则时，教师可以组织学生进行角色扮演，让学生分别扮演裁判、球员和教练。通过这种有趣的角色扮演，学生不仅能够学习到足球规则，还能在轻松的氛围中理解不同角色的职责和挑战。又如，教授体操动作时，教师可以鼓励学生创造自己的体操动作，并给动作起一些有趣的名字，如"飞翔的超人"或"旋转的陀螺"。这种创意活动能够激发学生的想象力和创造力，同时让他们在轻松中掌握体操技巧。而一位情感丰富的体育教师则能够在教学过程中通过自己独特的情感表达方式，触动学生的内心，激发学生的情感共鸣，建立起一种超越知识传授的情感联系，进而增强教学的感染力。例如，当学生在尝试新动作感到害怕或犹豫时，情感丰富的体育教师采用鼓励的话语、肢体语言或励志的故事来支持学生，传递信心和勇气，鼓励他们直面困难和挑战，勇于挑战、超越自我，不放弃。

3. 体育教师课前"应教"的体育教学内容

体育教师课前"应教"的体育教学内容（$C_1V_1T_3$），是指基于体育与健康课程标准、地方体育课程大纲、校本体育课程方案等所规定的课程目标、课程内容，以及学生身心健康发展的应然需求等，选择和设计预期的体育教学内容。

立德树人，是学校教育的根本宗旨，教学是达成立德树人教育根本宗旨的主要途径。海克林和费莱伯泽（Hackling & Flairbrother，1996）认为教学必须针对学生的需要加以规划，满足不同背景的学生之期望，协助学生发展探究和解决问题的能力。[①] 而体育教学作为一项通过身体运动达成"以体育人"目的的独特活动，就必须首先要明确学生的学习指向，即为了充分满足学生全面而个性化的身心健康发展，究竟"应教（学）什么内容"。

首先，体育教师"应教"的体育教学内容必须严格遵循《体育与健康课程标准》，以确保教学内容的教育性、规范性和权威性。这意味着体育教师必须深入理解《体育与健康课程标准》的精神实质和具体要求，将体育与健康课程目标转化为具体的体育教学目标，并以此为指导进一步精心选择和设计体育教学内容。例如，针对《体育与健康课程标准》对学生身体健康全面提升的要求，体育教师应尽可能安排多样化的身体锻炼内容，如体适能训练、跑步、跳绳、游泳等，全面增强学生的体能和体质。

其次，体育教师"应教"的体育教学内容应充分考虑地方体育课程大纲和校本体育课程方案的特色。这些课程文件不仅体现了地方文化和体育传统，也彰显了学校的教育理念。体育教师应深入挖掘这些特色资源，将它们有机地融入体育教学内容设计中，使之成为体育教学的亮点。比如，对于强调传

---

① Hackling M W, Flairbrother R W. Helping students to do open investigations in science ［J］. Australian Science Teacher Journal, 1996, 42（4）: 26-33.

统武术传承的地方体育课程来说，体育教师就可以将武术内容作为连接学生与传统文化的教学桥梁，让学生在习武、健体的同时，进一步感受到中华文化的博大精深。

再次，体育教师"应教"的体育教学内容应紧密围绕学生身心健康发展的实际需求。这意味着体育教师需要关注学生的生理、心理和社会适应能力的发展，选择和设计有助于充分满足学生身心全面发展的体育教学内容。例如，针对青少年生长发育的特点，体育教师可以设计游戏、体操、舞蹈等一些有助于身体协调性和灵活性发展的活动内容；针对学生心理压力较大的问题，体育教师可以引入瑜伽、太极等一些有助于调适情感、减压放松的运动内容。

最后，体育教师"应教"的体育教学内容也应体现主题性、时代性和前瞻性。比如，体育教师可以设计一些趣味运动会、健康达人挑战赛、班级体育竞赛等趣味性强、参与度高的主题活动，这些活动不仅能够点燃学生们的运动热情，还能让他们深刻认识到体育活动对健康的重要性。尤其是随着人工智能技术的快速发展，对教育的深远影响日益加剧，这要求体育教师紧跟时代的步伐，运用虚拟现实（VR）、元宇宙、Sora 等人工智能技术及时创新自己的教学内容，引入一些新兴的运动项目和科技手段。这不仅能够提升体育教学的科学性，还能增强其有效性和智能化水平，以适应数字化时代的发展需求。

综上所述，由于主客观因素的影响，体育教师课前"能教""想教""应教"的体育教学内容三者往往并不一致。这就提示体育教师在进行课前体育教学内容预设时，应努力寻求三者的平衡点。

（二）学生课前对体育教学内容预期上的变易

一般而言，"课前预设的体育教学内容"（C_1）主要是由"体育教师"（T）个体或群体（如教研组）主导完成，尽管"学生"（S）很少甚至没有参与，但是，作为生活在真实世界、具有自我"主体"意识和主观能动性的"学生"（S）来说，必然会基于自身的视角、经验、知识、爱好、需求、价值取向、立场等去期待、认知、理解、诠释"通常是由课前体育教师主导预设的体育教学内容"（C_1）的意涵，这也同样导致了"课前预设的体育教学内容"（C_1）在"学生"（S）这个主体维度上存在多种"变易"，具体又表现为三种类型：①学生课前"能学"的体育教学内容（命名为 $C_1V_1S_1$）。②学生课前"想学"的体育教学内容（命名为 $C_1V_1S_2$）。③学生课前"应学"的体育教学内容（命名为 $C_1V_1S_3$）（见表4－2）。

表4－2　　　　　　　　学生对体育教学内容预期上的变易

变易名称	变易类别
学生对体育教学内容预期上的变易（C_1V_1S）	学生课前"能学"的体育教学内容（$C_1V_1S_1$）
	学生课前"想学"的体育教学内容（$C_1V_1S_2$）
	学生课前"应学"的体育教学内容（$C_1V_1S_3$）

1. 学生课前"能学"的体育教学内容

学生课前"能学"的体育教学内容（$C_1V_1S_1$），是指基于学生的立场，重点从体育教师的专业技能水平、体育教学的物理环境、学生身心发展的阶段性特征和规律以及教育教学自身的规律等影响和制约体育教学内容实践的主客体要素出发，探究学生课前"能学"的体育教学内容。

首先，体育教师的专业素养水平对学生"能学"的体育教学内容起着决定性的作用。体育教师的专业素养不仅包括对运动技能的熟练掌握，还涵盖丰富的健康素养、灵活多变的教学方法、勇于创新的意识、深厚的育人情怀以及高尚的精神品格等。优秀的体育教师不仅能够专业、科学地向学生教授运动技术动作，而且还会勇于创新教学内容与方式，重视激发学生的内在学习动机，从而最大限度地促进学生学习的进步和全面发展。其次，体育教学的物理环境也是影响学生"能学"的体育教学内容的重要因素。这包括体育场地、设施设备、气候条件等。一个良好的体育教学环境能够为学生提供足够的空间进行运动参与学习，先进的设施设备也能够保障学生练习中的安全、高效和科学，使学生获得良好的学习体验，从而更好地投入到学习中去。最后，学生身心发展的阶段性特征和规律对体育教学内容的选择和安排同样至关重要。不同年龄段的学生在生理和心理上都存在差异，体育教学应该根据学生的发展阶段来设计教学内容。例如，小学生通过学习基础运动技能和游戏，可以培养他们的运动兴趣和身体协调性；初中生则可以通过接触竞技体育项目，增强运动技能和团队协作精神；高中生则应根据个人兴趣选择专项运动，进行更深层次的学习和锻炼，为未来的专业发展或兴趣爱好打下坚实的基础。

综上所述，体育教学中学生能够学到什么内容，是由体育教师的专业素养水平、体育教学的物理环境以及学生身心发展的阶段性特征和规律共同决定的。只有综合考虑这些因素，才能科学设计符合学生实际需要的体育教学内容，促进学生的全面发展。

2. 学生课前"想学"的体育教学内容

学生课前"想学"的体育教学内容（$C_1V_1S_2$），是指基于学生的立场，侧重从学生的性格、态度、学习习惯、学习风格、情感、意愿、个性、现实需求等心理状态出发，探究学生课前预期"想学"的体育教学内容。

首先，从性格与学生课前"想学"的体育教学内容之间关系来看，性格是个体内在心理特征的体现，对学生课前"想学"的体育教学内容具有显著的影响。例如，外向型学生通常充满活力，渴望参与社交互动。他们在体育教学中往往会更倾向于选择球类等团队协作和挑战性强的学习内容。这些活动不仅满足了他们的社交需求，同时也帮助他们在团队中找到归属感和自我价值的实现。相反，内向型学生往往更喜欢独立和自我反思。他们在体育教学中可能更偏好那些能够让他们专注于个人技能提升和内在挑战的项目。这些活动为他们提供了一个自主且专注的环境，使他们能够在较少的社交压力下，根据自己的目标不断提升自我。这就提示体育教师在课前设计体育教学内容时，应充分考虑到学生的性格差异，尽可能地提供多样化的教学内容以满足不同学生的学习需求。

其次，从学习风格与学生课前"想学"的体育教学内容之间关系来看，学习风格是指学生在学习过程中偏好的方式，它们显著影响学生对学习内容的认知和理解。比如，自主型学习者倾向于独立学习和自我驱动式的探索，比较重视个人的自主学习空间和自学能力，喜欢在没有外界压力的情况下，专注于自己设定的目标并为之努力，注重享受个人努力过程中带来的挑战和提升的过程。又如，反思型学习者则更擅长于通过撰写训练日志等形式进行自我评估与反思，思考如何优化自己的运动表现等以加深对学习内容的理解和精进。再如，实践型学习者则会偏好"做中学"，相信"实践出真知"，他们在体育运动中可能更倾向于通过实际运用来加深对运动技能的理解和掌握。可见，了解学生的学习风格，对体育教师来说至关重要，它有助于体育教师设计更具针对性和吸引力的教学内容，激发学生的内在潜力，提高学生的学习效果。

最后，情感与意愿作为学生内心世界的两个重要维度，对学生课前"想学"的体育教学内容具有深远的影响。情感，如同一股潜流，悄然影响着学生对体育活动的态度和参与度。当学生在体育学习中体验到兴趣、好奇心和满足感等积极情感时，他们的内心便会涌现出一股强烈的动力，推动他们去深入学习那些能够触动他们情感的内容。而学习意愿，则是学生内心深处对特定学习领域的渴望和追求。它是学生根据自己的兴趣和目标所作出的主动选择，反映了学生对学习的个人期望和动机。一个对篮球充满热情的学生，可能会在课前积极主动地学习相关的训练方法和比赛规则，表现出对篮球技术的渴望和对竞技场景的向往。相反，一个对瑜伽感兴趣的学生，则可能更倾向于了解身心平衡的哲学和实践技巧，追求内心的宁静和自我控制的能力。可见，情感和意愿是学生选择学习内容的重要驱动力。通过理解和尊重学生的情感体验和学习意愿，教师可以更好地激发学生的学习热情，引导他们在体育学习中不断探索、不断进步，最终实现自我发展和自我实现的目标。

3. 学生课前"应学"的体育教学内容

学生课前"应学"的体育教学内容（$C_1V_1S_3$），是指基于学生的立场，侧重从体育与健康课程标准、地方体育课程大纲、校本体育课程所规定的课程目标、课程内容，以及学生身心健康发展的应然需求等方面出发，考虑和决策学生课前预期"应学"的体育教学内容。

首先，从体育与健康课程标准来看，课程标准是规定某一学科的课程性质、课程目标、内容目标、实施建议的教学指导性文件，反映了国家对学生学习成果的期望。如《义务教育体育与健康课程标准（2022年版）》规定了义务教育阶段体育与健康课程内容主要包括基本运动技能、体能、健康教育、专项运动技能和跨学科主题学习。这些内容是学生"应学"也必须学习的体育教学内容（$C_1V_1S_3$）。

其次，从学生身心健康发展的应然需求来看，学生的身心健康是体育教学的最终目标，因此，学生"应学"的体育教学内容要能够充分满足其身体、心理和社会适应能力发展的学习需要。其中，身体发展方面，应包括有助于提高学生身体机能和协调性的运动内容，如通过田径、游泳、体操等多样化的体育活动内容，不仅锻炼学生的肌肉力量、平衡能力，还提高心肺功能和灵活性。心理发展方面，应包括培养学生的自信心、韧性和积极心态的活动内容，如引入瑜伽、武术等课程，这些内容不仅能够促进身体健康，还能帮助学生学会自我调节，提高专注力和应对压力的能力。社会适应方面，应教授学生团队合作和社交技能，通过团队运动和集体活动，让学生在实践中学习如何与他人沟通、协作和解决冲突，如组织足球、篮球等团队运动联赛，这些内容不仅锻炼学生的团队协作能力，还能通过比赛培养学生的竞争意识和团队精神。通过这些学习内容，学生的体育学习将不再局限于技能的学习，更是一种全面的身心发展和个性成长的体验。

（三）课前体育教学内容变易的师生二维关系

学生课前"应学"的体育教学内容（$C_1V_1S_3$）并不始终等同于学生课前"能学"的体育教学内容（$C_1V_1S_1$）。比如，新一轮体育与健康课程改革强调学生核心素养发展，作为体育课程理念的落实者，体育教师必须承担起学生核心素养发展的教学转化责任，但是学生核心素养毕竟是抽象的，在解读、细化的过程中，常会造成学者、体育教师各自解读的情形，这一方面会导致体育教学内容衔接、设计上的困难，另一方面，也直接决定了学生所能够学习的教学内容。事实上，皮亚杰（Piaget）就曾视课程为一种有待探索的多面向系统，而课堂教学又是课程创发最丰富的场域，面对多元丰富且彼此关联的课程素材，教师如何选择、创造、发展教学内容？判断的标准是什么？又吸纳哪些材料进来？而这些课程内容彼此之间，以及内容与学生的学习和生活间的关联何在？这些教学材料将被如何使用？凡此种种，教师将拥有关键的决定权，这就涉及教师自身对于课程与教学的认知、意识与理解，这也往往决定了学生能够学到的主要内容。①

此外，由于体育教学现实环境的复杂性，学生个体之间、群体之间存在的客观差异性，从个体、群体、以及个体之间、群体之间的视角来看，学生课前"能学"的体育教学内容（$C_1V_1S_1$）、学生课前"想学"的体育教学内容（$C_1V_1S_2$）以及学生课前"应学"的体育教学内容（$C_1V_1S_3$），三者之间并不始终等同。比如，学生甲性格开朗，善于与人沟通、合作，对团队型的

---

① 陈美如. 教师的课程理解探究［J］. 台北教育大学学报，2006，19（2）：55–82.

球类项目更感兴趣；而学生乙性格文静，擅长于独立思考，更喜欢个人型的运动项目。显然，二者之间想学的教学内容并不相同。同样，甲地区初一年级的学生能学的体育教学内容也很可能与乙地区初一年级学生的不同。这就提示我们：在选择和设计体育教学内容时，要意识到学生对于体育教师教授的内容会有自己不同的感受、认知和预期，深度思考与追问学生视野中的体育教学内容究竟是什么？学生真正感兴趣或想学习的内容是什么？换言之，就是要确立学生的主体意识，重视从学生的立场与经验出发去理解、认识、设计体育教学内容，做到所教的内容即学生想学、应学、能学的内容。

二、体育教学内容变易的课中实践之维

体育教学内容变易的课中实践之维（C_2V_2），主要是指在正式的体育课教学过程中，体育教学内容在其自身构成要素、体育教师和学生两大主体分别对课中实践的体育教学内容在认知、理解、对待处理上所呈现诸多的变易。

课中实践直接决定着体育教学质量实现的程度。因此，全面、充分地发掘"体育教学内容变易的课中实践之维"（C_2V_2）的主要类型及其内涵，对于丰富、深化体育教学内容的系统化认识，提高体育教师处理体育教学内容的科学性、针对性、有效性，促进学生对"体育教学内容"的优质高效学习，进而实现预期的体育教学目标等，同样具有十分重要而深远的理论与实践价值。

具体而言，"体育教学内容变易的课中实践之维"（C_2V_2）主要包括四种类型：①体育教学内容在关键特征上的变易（命名为 C_2V_2A）；②体育教学内容在教师处理上的变易（命名为 C_2V_2T）；③体育教学内容关键特征呈现图式上的变易（命名为 C_2V_2P）；④体育教学内容关键特征学生理解上的变易（命名为 C_2V_2S）。

(一) 体育教学内容在关键特征上的变易

所谓的"关键特征"(命名为 A) 是指体育教学内容和学习经验中要经历的最核心和最本质的要素,是能够被学生成功审辨、理解和掌握的关键之处。[①]

而基于"体育教学内容"自身在其"关键特征"上所呈现出的变化和改变,我们将其称为体育教学内容在关键特征上的变易 (C_2V_2A)。

比如,以作为体育教学内容重要承载的"球类"教材为例,尽管存在着不同种类的球,如排球、乒乓球、羽毛球、篮球、足球、橄榄球等,但是,学生在体育教师的指导下,仍然可以通过"球类"教材的一些"关键特征",如颜色、质料、大小、形状、参赛人数、攻防规则等方面所呈现出的变化或改变而加以辨识,而这些能够被学生成功审辨的"关键特征"同时也就表现出了一定数目的变易 (C_2V_2A)。

又如,在田径类项目的教学中,关于"跑"的教学内容,尽管存在着直线跑、曲线跑、加速度跑、变速跑、低重心跑、跳跃式跑、迎面接力跑、越野跑、负重跑、限时跑、耐力跑等不同的种类和形式[②],但是,学生在体育教师的指导下,同样可以通过"跑"的一些"关键特征",如节奏、频率、方向、姿势、环境、时间、对象等方面所呈现出的变化或改变而加以辨识。

再如,某节体育课的教学内容为"耐力跑",同一班级的不同学生则往往会赋予该教学内容不同的含义和意义。甲学生认为,"耐力跑"可以磨炼意志;乙学生认为,"耐力跑"可以锻炼有氧心肺功能;丙学生则认为,"耐力跑"是很无聊的"傻瓜式"运动;丁同学则认为,"耐力跑"是一项先"痛苦"后"快乐"的运动……之所以会出现这些认知上变易,正是由于这些同学成功审辨、理解和掌握到了"耐力跑"的关键特征,即"意义",从

---

① 卢敏玲."课堂学习研究"对香港教育的影响 [J]. 开放教育研究,2005,11 (3):84-89.
② 杨丽华. 论学校体育教学内容的结构 [J]. 北京体育大学学报,2000,23 (4):535-537.

而改变了他们对同一体育教学内容"耐力跑"的看法和认知，进而又会影响到他们的学习参与性、投入度和获得感。

值得注意的是，尽管体育教学内容在关键特征上不可能是唯一的，而是会体现出一定数量的变易（C_2V_2A），但这种变易（C_2V_2A）并不是没有边界的，也不可能是无限多的数目，而只能是始终处在一个有限的系统中变易。

（二）体育教学内容在教师处理上的变易

教学，既包括学生的学，也包括教师的教。由于体育教学内容在其关键特征上的变易（C_2V_2A），以及体育教师之间在教学理念、专业知识、运动技能、教学风格、人格魅力、学生观等方面的特点和差异，那么，当教学内容面对不同的体育教师时，则又隐含着一个"体育教师如何预设、诠释、处理体育教学内容"的问题，这个问题的凸显和解决则又进一步表现出体育教师对体育教学内容处理上的变易（C_2V_2T）。比如，对体育教学内容构成素材的选择，对体育教学内容重点、难点的预判与确立，对体育教学内容转化、组织、呈现的方式方法，等等。

由于每个体育教师的经验又是有限的，甚至存在很大的局限性，因此，为了提高体育教师科学设计教学内容的能力，灵活应对体育教学的复杂性和学生身心健康发展的学习需求，探寻如何有效改善教学以便促进学生更多、更快、更好学习的有效教学策略，一条有效的可能路径则在于，改变以往"单打独研"的自我反思模式，走课前集体备课、观课、评课、课后研讨等新形式，深度聚焦、探讨体育教学内容相关问题，以使体育教师之间分享更多的对体育教学内容的理解、认识和阐释，进而发现更多教学的可能面向和创新之处。这不仅为进一步改进和优化体育教学内容设计提供了可能，而且对于体育教师教学共同体的建立，体育教师的专业化发展以及教学质量的提升等来说，无疑也具有重要的意义。

比如，对于学生而言，什么教学内容才是最值得教学的？如何科学确定该教学内容的关键特征？等等，对这些问题的集体研讨、经验分享，无疑将十分有助于丰富体育教师对体育教学内容的新看法、新理解、新认识，进而发现更多高质量教学的可能面向和创新之处。这不仅为进一步改进和优化体育教学内容设计提供了可能，而且对于体育教师教学共同体的建立，体育教师的专业化发展以及教学质量的提升等来说，无疑也具有重要的意义。

（三）体育教学内容关键特征呈现图式上的变易

所谓的体育教学内容关键特征呈现图式上的变易（C_2V_2P）是指通过改变体育教学内容的某项关键特征，或同步变易其某些关键特征而保持其他关键特征不变。[①] 其目的在于积极引导、帮助学生不仅在学习过程中尽可能地成功审辨到学习内容的某项或某些关键特征，而且还能进一步深刻地理解和把握体育教学内容各关键特征之间、各关键特征与整体间的关系，以促使体育教师的"教"和学生的"学"更富有针对性和实效性，最终达到预期的教学效果。

比如，针对"篮球运球"这个技能类体育教学内容，为了提高学生对该教学内容的理解和认识，以便使学生掌握该教学内容后能够灵活运用于真实的篮球运动情境中，体育教师可以通过设计相应的变易图式以帮助学生成功审辨到该教学内容的关键特征（见表4-3）。

表4-3　　　　　　　　　　　　"篮球运球"之变易图式

不变	变	审辨
篮球运球	内容要求上：①直线运球；②变向运球；③有人防守下的变向运球	目的在于使学生成功审辨到：同一运动技术在不同运动情境下的变化，如方向、难度等

---

① 郭永贤. 课堂学习研究概论［M］. 合肥：安徽教育出版社，2011，80-86.

值得特别注意的是，"变易图式"中的"变易"，仅仅是针对"体育教学内容"而言，并不指涉体育教学策略或方法上的变化或改变，以及为促使体育教学内容变易而采取的方法、策略同样不包括在内。

马顿（Marton，2006）在研究中将 80 名 6~8 岁的儿童分为两组，学习的任务是要求从同样距离的地方将一个羽毛球投向一个靶子，其中第一组儿童在同样的距离从五种不同角度练习投 20 次，而第二组儿童从同样的距离上同一个位置练习投 100 次，最后要求两组都从同一个新的位置向目标投掷羽毛球，教学实验结果表明，在多变化条件下练习的第一组儿童的测试成绩最为成功。①

究其原因，一个可能的有效解释在于：变易学习理论提示我们，为了使学生认识到"角度"这个变化维度，他们必须在每一投都能识别出"角度"变化并对"角度"作相应的调整。只有在体验过差异和变化的情况下，他们才能在投球的时候识别出"角度"这个关键特征。因此，为避免孩子们在需要从新"角度"投球的新情境中"零起点"地盲目尝试，他们必须在先前的情境中尝试过从另一"角度"投球，或者他们先前尝试过从不同"角度"投球。

同时，为真正识别"角度"这个变异维度，学习者仅仅体验该维度的变异是不够的，他们还必须体验其他维度的不变性。正如什么都不变时我们无从识别差异，什么都在变时我们也无从识别差异（见表 4-4）。总之，变异对找出差别是必要的，学习者为适应新情境，必须找出情境间的关键差异。②

---

①② Marton F. Sameness and difference in transfer [J]. Journal of the Learning, Sciences, 2006, 15 (4)：499-535.

表 4 – 4　　　　　　　　　　"投掷羽毛球"之变易图式

不变	变	审辨
羽毛球间距相等	投羽毛球的角度	目的在于使学生成功审辨到：投羽毛球时，识别出"角度"这个关键变易特征

　　通过体育教师精心设计的"变易图式"，可以引出"对比""区分""类合""融合"四项主要学习功能。其中，"对比"重在让学生形成对体育教学内容的直观感受；"区分"则是让学生重点关注体育教学内容中"变"的部分，把关键特征从体育教学内容的整体性中分离出来；"类合"则是让学生重点从体育教学内容诸多"变"的关键特征中把握到保持"不变"的部分，从而把握到体育教学内容中的共同或相通特征，如原理、规律等；而"融合"则是保持体育教学内容几个方面的关键特征的同步变易，让学生在更为复杂的真实环境中理解这几个关键特征之间的关系，以及关键特征与整体之间的关系，以提高对体育教学内容的整体性认识和理解。理论研究成果和实践探索表明，这四种不同的学习功能对于提高学生的学习效果具有十分重要的价值。

　　1. 对比

　　人脑善于"对比"。事实上，没有"对比"，观念就不可能产生。正是通过"对比"这种精神活动，构筑了人类的观念，人们才能充分认识到事物之间的联系，辨别事物的异同。[①] 体育运动领域，客观存在着运动技能迁移的现象，所谓的"运动技能迁移"是指一种技能的学习对另一种技能的学习和应用产生影响的过程或现象，包含正迁移、负迁移、零迁移。其中，"正迁移"是指已经掌握的技能对学习新技能的积极影响和促进作用的现象。比

---

　　① ［美］D. Q. 麦克伦尼. 简单的逻辑学［M］. 赵明燕，译. 北京：中国人民大学出版社，2007：55.

如，会打篮球的人，容易学会打排球；会武术的人，容易学会舞狮。发生"正迁移"的条件在于，"不同技能间存在着共同或相通的因素或成分，或不同技能间包含着共同或相通的原理"。这种原理在体育教学中也受到了高度的重视，并得到了广泛的运用。

然而，变易学习理论启示我们，"只重视事物的相同或相通的地方是不足以让学生审辨到概念的，他们还必须经历到事物的不同地方。因为没有经历事物的不同方面，学生便较难审辨到相同或相通的方面。"① 换言之，没有"差异"就没有"同一"，二者对立统一。欲凸显、认识、理解"同一"，则必须从凸显、认识、理解"差异"入手。因此，在教学中一个基本而又重要的策略则是，运用变易学习理论设计引发"对比"学习功能的变易图式。

所谓的"对比"，是指学习者关注于一个事物、概念或现象在其特征或某个维度上不同值的变易。也就是说，教师在呈现一组"关键特征"的同时还应同时呈现与之相反的例子或情境。通过"对比"，能够使学生成功审辨到教学内容的变与不变，直观地意识到正、反两种情况，从而有力地挑战其既存的错误或残缺的观念认知，最终为破解、消除其教学内容学习上的障碍提供可能。

事实上，在体育教学实践领域，存在着大量运用"对比"学习功能的元素、现象或案例。比如，表示方位的前面与后面、上面与下面；表示运动状态的快与慢、动与静、放松与紧张；表示数量的多与少，等等。又如，要学生明确认识什么是排球，除了要向学生展示蓝色、黄色、红色、橙色、白色等不同"颜色"的排球实物、图片、介绍外，还必须展示什么不是排球的实物、图片和说明，如篮球、橄榄球、足球、铅球、网球、气球等都不是排球，如此教学学生才能够通过"对比"是与不是排球的例子，成功审辨到"确认排球"这个教学内容的关键特征。

---

① 卢敏玲. 变易理论和优化课堂教学 [M]. 合肥：安徽教育出版社，2011：90.

再如，在一节中学初一年级健美操课上，针对一部分学生动作技术僵硬、不合音乐节奏、表现力不强的问题，任课体育教师挑选了 5 名运动技术掌握较好的同学进行示范、表演和观摩，以便给这些学生提供一个"什么样的动作是好的动作"的"范例"或"样板"，促进这些学生运动技术的理解和掌握。然而，教学现实结果表明：大部分学生对运动技术的理解与掌握并没有得到根本的改善，问题依然存在，原因何在？体育教师又该怎么办？

针对上述健美操课教学实践存在的问题，体育教师可利用变易学习理论，设计一个引发"对比"学习功能的变易图式，即除了邀请动作标准、姿态优美、音乐节奏正确、表现力好的学生进行示范、表演和观摩外，还必须提供一个"动作不标准、姿态不优美、音乐节奏不正确、表现力不好"的"范例"或"样板"，以便使学生通过"对比"，成功审辨到体育教学内容的关键特征"变"在哪里——意识到究竟"好"在何处、"差"在哪里，进而才能够明确动作技术改进和努力的正确方向与具体内容，最终促进学生对教学内容的理解和掌握。

2. 区分

体育教学中，利用变易图式不仅可以引发"对比"的学习功能，使学生的注意力集中在教学内容的关键特征上，而且还能够引发"区分"的学习功能。所谓的"区分"，是指学习者关注于某一事物、概念或现象在某个维度上的值的变易，进而能够将该事物、概念或现象的"关键特征"从整体中"区分"出来。① 换言之，类举出与"关键特征"相似的情境、例子从而区分出事物的"关键特征"。

例如，上文列举的"辨识排球"教学内容的案例，通过利用变易图式在引发"对比"学习功能的同时，也引发了"区分"的学习功能——使学生能

---

① 陈红兵. 创设有效的学习空间：变异理论视野下的课堂教学［J］. 教育学报，2013，9（5）：52－59.

够将排球从各种球类中"区分"出来，尽管此时学生对排球整体性特征的认识还比较模糊。针对这一点，教师通过展示蓝色、黄色、红色、橙色、白色等不同"颜色"排球的实物、图片、介绍，则进一步强化了变易图式所引发的"区分"的学习功能——使学生经历并体验到排球在"颜色"这个维度上的变易，进而对"颜色"这个维度上的变易值——蓝色、黄色、红色、橙色、白色等产生了更为具体而深刻的认识。换言之，当学生注意到排球在"颜色"维度上的变易时，他们就把"颜色"这个概念与该事物的其他属性如材料、质地、体积等"区分"开了，那么"颜色"也就成为可以被学生成功审辨到的属性。

又如，在篮球运球教学中，体育教师利用变易图式向学生演示半场内各种"方向"运球，如从底线沿着垂直于半场中线的方向直线运球、从底线右边角向本半场对角斜线运球、从底线连续变向运球到半场中线等，目的在于引发"区分"的学习功能——使学生经历并体验到篮球运球在"方向"这个维度上的变易，进而对"方向"这个维度上的变易值——直线运球、对角斜线运球、连续变向运球等产生更为深刻的认识，最终使得学生审辨到篮球运球"方向"这一关键属性，并成功将其从篮球运球的整体性特征中"区分"出来。

值得注意的是，当呈现两个或多个事物在某个维度上的变易时，就会同时出现"对比"和"区分"两种类型，如蓝色与黄色、红色之间的"对比"，颜色"区分"于体积、质料等维度。然而，如果要从一个整体中"区分"出其关键属性，如从排球的整体性属性中区分出"颜色"这个关键属性，那么学生就必须经历"颜色"这个关键属性维度上的值的变易，如呈现蓝色、黄色、红色、橙色、白色等不同颜色的排球图片。

3. 类合

万物殊象而同归，归于相似、相通的道理。而精准地把握到事物纷繁表象背后的共同或共通规律与原理，就成为人们把握事物、认识事物的关键所在。因此，需要采用"类合"的思维方法。

所谓的"类合"是指某种类似或相同的特征均出现在不同的事物中，那么，这种特征就可以从其他无关的特征中被审辨出来，成为这几类事物的共同特征。学习者关注于这个共同的特征就叫作类合。换言之，让学生通过具有相同特征的不同例子来归纳出事物的共性，通过聚焦什么是不变进而推出定律或规律，即所谓的类合。它是认识的高级阶段，发生在对照、区分之后。

比如，红色的房子、红色的汽车、红色的气球、红色的苹果等，"红色"在不同的事物中均出现，学习者就可以从不同的个案中"类合"出"红色"的概念，并把"红色"这一概念从其他不相关的属性（如大小、质量、形状等）中分辨开来，从而掌握这一属性。

具体到体育教学这个特殊的领域来说，为了培养学生适应终身发展和未来社会需要的必备品格和关键能力，即体育学科核心素养，那么，体育教学就不能停留在培养学生掌握动作技术的阶段，而是要着眼于培养学生的"类合"思维能力。

如在篮球投篮技术教学中，为了使学生对"篮球投篮"这一技术概念有更多元、深入的理解，以有利于学生今后进一步学习并熟练运用这一技术动作，体育教师利用变易图式重点向学生展示并播放了美国篮球职业运动员斯蒂芬·库里、雷·阿伦、雷吉·米勒三人的投篮方式，并与学生一起观摩、思考、研讨，成功引发了"类合"的学习功能——使学生审辨到尽管三人身体形态、投篮时的技术动作及其方式均存在很大的差异，但是三人投篮也都具有精准的投篮命中率、完美的篮球空中飞行弧线、投出去的球都向后高速旋转等共同点。简而言之，"类合"的学习功能就是利用变易图式，使学生从教学内容纷繁复杂的"变"中"类合"出其中的"不变"，以深化对教学内容的理解与认识，把握其中"不变"的规律或原则，以利于今后运用这种"不变"更好地应对复杂的情境。

由上分析可以认为，"类合"就是透过变易图式，让学生从事物、概念、现象的变化中审辨出不变的规律、原理等，即从"变"中把握到"不变"。值得注意的是，尽管"类合"不能帮助我们"审辨"到事物的关键特征（只能靠对比和区分加以审辨），却有助于学习者更好地区分关键特征与非关键特征。

4. 融合

"融合"是指学习者注意到事物、概念或现象同时变化的几个方面，从而获得对事物的整体性认识。它反映了"关键特征"之间的关系及"关键特征"与整体的关系，是两个或者两个以上"关键特征"的变易。例如，学生欲认识事物的速度，只有同时体验到事物在大小与方向上的同步变易，才能获得速度是由大小和方向共同构成的整体性认识。

变易学习理论提示我们，学习源于学习者对学习内容的"看法"，而这"看法"又取决于学习者所关注到的关键特征。因此，教师不仅需要准确地呈现学习内容的关键特征，而且需要借助于变易图式帮助学生聚焦并成功审辨到这些关键特征外，还要进一步使学生全面把握好"关键特征"之间以及"关键特征"与整体之间的密切关系，唯此才能帮助获得对学习内容的整体性认识和深入理解，学生的学习才能举一反三，真正融会贯通。

然而，要实现这一点，学生就必须经历两个或两个以上"关键特征"的同步变易，才能帮助学生有效地建立相互关联的内容联系，把握到教学内容的整体性特征，个别关键特征在整体中所处的位置，以及同步变易这些关键特征对整体所产生的影响，实现其真正对学习内容的融会贯通，我们将这一过程称为"融合"。

例如，在100米跑教学中，体育教师可以利用变易，能够让学生成功审辨到：如果步幅保持不变，那么，步频越快则100米跑的成绩就越快；如果步频保持不变，当步幅越大时，100米跑的成绩同样越快。而所谓的"融合"

就是让学生深入思考：在步幅和步频同步变易的情况下，100 米跑的成绩究竟是会快还是慢？通过实证调查研究发现，学生往往对步幅、步频、速度三者之间的关系缺乏一种整体性的深度认识，原因就在于没有有效把握到"关键特征"（步幅、步频）之间以及"关键特征"（步幅、步频）与整体（速度）之间的密切关系，出现顾此失彼的问题。这也就要求体育教师在设计变易图式时，必须明确变易哪些关键特征，而哪些关键特征却保持不变，或者需要同步变易哪些关键特征，唯此，才能真正提高学生的学习效率和成果。

值得注意的是，在具体的体育教学设计中，上述"变易图式"与其所引发的"学习功能"之间是有区别的。主要体现在：同一个变易图式可以引发出不同的学习功能。比如，如果学生不经历"排球"在"颜色"这个维度的变易，便不能区分蓝色排球与橙色排球，所以必须引入排球在"颜色"这个维度上的变易。而从"排球"作为学习内容的角度来看，这种变易图式引发的则是"类合"学习功能，因为学生可"类合"出排球的颜色可变，颜色并非排球的必要条件或关键特征；而从"蓝色排球"作为学习内容的角度来看，引发的又是"区分"学习功能，因为学生可把蓝色排球从排球的其他颜色中分辨开来，使其有了独立性。因此，我们不能简单地认为某一变易图式属于"对比的变易图式"或"区分的变易图式"或"类合的变易图式"或"融合的变易图式"。

追问其深层的原因就在于，"变易图式"只能反映体育教师在教学内容设计时，确立什么关键特征"变"而保持什么关键特征"不变"，而某一变易图式所引发的学习功能，在一定程度上可以说又主要取决于学生的生活经验、体育知识、运动能力、学习意愿、行为态度、学习支持等，这些要素直接影响甚至完全决定了学生能否成功审辨到该教学内容"变"与"不变"的关键特征。因为，学生只有亲自经历、并审辨到学习内容的变易图式，才是对其有意义的，才能真正引发对比、区分、类合、融合的学习功能。比如，面对变易图式，如果学生聚焦于"变"的关键属性或特征，则通常会带出

"区分"的学习功能，即帮助学生将该"关键特征"从整体中"区分"出来。而聚焦于"不变"的地方，则会带出"类合"的学习功能，即从"变"中审辨到"不变"的定律。如果同时聚焦于同步变易的两个或多个关键属性，则能带出"融合"的学习功能，即帮助学生审辨到学习内容部分关键属性之间或部分关键属性与整体之间的关系。可见，对比、区分、类合的学习功能，通常也都可以由同一精心设计的变易图式引发。

如前所述，适切的变易图式运用，确实能够帮助学生聚焦于有价值的学习内容的关键特征，更有效地掌握预期的教学内容。因此，为了确保变易图式设计的针对性和有效性，进一步提高教学的效率，一方面需要体育教师明确回答变的是什么？不变的又是什么？另一方面，还需要追问学生由此审辨到又是什么？学生成功审辨到的是否就是我们预期的学习内容的关键特征？因为，变易图式是一种有效的能够引发多种学习功能的工具，这就需要体育教师高度重视教学实践中是否同时出现了一些不必要的变易，进而影响到学生对预期的有价值学习内容关键特征的成功审辨，以避免浪费极其有限的宝贵课堂教学时间。从教师专业化发展的角度看，这种课后积极的反思，也有助于体育教师总结经验、吸取教训，设计更恰当的变易图式。

此外，为了取得最佳的教学效果，体育教师除了通过精心设计适切的变易图式，科学呈现体育教学内容关键特征的"变"与"不变"，还应基于自己的知识储备、经验积累、教学风格、价值观念等采取最佳的教学策略，以便把这些能够引发多种重要学习功能的变易图式，在课堂教学中恰到好处地呈现出来，并及时地引导学生聚焦于教师精心设计的预期变易，进一步促进学生对学习内容的准确理解、认识和掌握，提高学习的效率和效能，切实保障学生能够学有所教、学有所得、学能致用。

（四）体育教学内容关键特征学生理解上的变易

育人是学校体育教育的根本宗旨，而满足学生全面而个性化的身心健康发展是学校体育教育育人的根本要求。那么，为了达到这个目标，就必须要明确学生"学什么"才能充分满足其发展的现实需要，并进行高质量的体育教学。

"看，不等于看见"。同理，"教，不等于教会""学，不等于学会"。为何会如此？变易学习理论启示我们，有效的教或学，意味着学生对学习内容的关键特征的成功审辨。换言之，学习内容的关键特征以及其能否被学生成功地审辨到，是影响和决定教师最终是否"教会"、学生能否"学会"的关键所在。

具体到体育课堂教学实践来说，当体育教师向全班学生教授某一项体育教学内容时，尽管所有的学生是在同样的课堂教学时空环境中，同时学习同一位体育教师所教授的同一内容，但是，由于学生之间在既有的生活经验、体育知识、运动技能、身体机能、个性心理、情感态度、认知偏好、学习需求等面向上存在或多或少、或轻或重、或深或浅的差异，再加上该项体育教学内容自身在关键特征上又存在着多种变易（C_2V_2A），这就隐含着一个"学生如何看待、理解所学的体育教学内容"的问题，这个问题的凸显和解决则又进一步呈现出学生对体育教学内容理解上的变易（C_2V_2S）。

如果"学生对体育教学内容理解上的变易"（C_2V_2S）不准确、不正确，那么就会成为学生进一步学习该体育教学内容的难点和障碍，进而直接影响到其学习的质量和效率。这就提示我们，在进行实际的体育教学之前，体育教师应重点思考与追问，学生面对体育教师所呈现的教学内容时，可能会产生哪些"看法"？这些"看法"又会对学生的学习造成什么样的影响？学习过程中又可能面临哪些难点、困惑与挑战？体育教师只有想方设法去把握、预测和进一步确认，才可能使体育教学做到有的放矢、因生施教。

此外，鉴于体育教师"教了"并不等同于学生"学了、学会了"的事实，在体育教学结束后，体育教师也不应忽视学生对学习内容的理解，还需要运用测试等工具考察学生对学习内容的"看法"是否有变化，有没有更加高明，并进一步进行自我教学反思——是否为学生成功审辨到体育教学内容的关键特征创造了必要的支持和指导等，以便为下一次课的改进和优化积累经验。①

比如，当体育教师向小学二年级全班同学展示同一个"球"时，并要求学生用笔写下其所看见的内容。统计结果显示学生的回答存在变易：甲同学写的是"这是一个蓝色的球"，乙同学写的是"这是一个跟网球一样大小的球"，丙同学写的是"这是一个橡胶材料的球"，丁同学写的是"这是一个具有卷笔刀功能的球"，等等。之所以出现这些不一致的回答，一方面是由于"球"存在颜色、质料、大小、形状、功能等多项特征，另一方面则是因为学生之间存在个体差异性，进而导致学生对作为体育教学内容重要承载的"球"的理解上，在其大小、颜色、功能、材质等关键特征上产生了变易 (C_2V_2S)。

又如，在新的运动技术教学中，有的学生基于既有的体育知识和运动基础，对技术动作的理解更准确，掌握起来也显得更快、更好，而有些没有相关运动基础的学生就很可能"学习不得要领，动作就是做不到位，运动感觉就是不对"。这表明学生对体育教师所教的内容产生了认知方式、理解处理上变易，进而对所学的内容产生一定正向或负向的影响。这就提示体育教师应在教学中重视并尽可能地了解、预判学生，在课前可能对预期教学内容存在的理解上的变易以及课后学生对体育教师实际所教内容理解、掌握上的变易及其所产生的原因，以便更富成效地选择、建构、改进和优化体育教学内容，引导、促进学生更有效地学习。

相关课堂学习研究成果也表明，学生对教学内容理解上的变易 (C_2V_2S)，一方面，可以透漏出学生面对教学内容存在哪些认知、理解上的障碍和挑战；另一方面，对于体育教师而言，这又是一种极富价值的教学资源，需要体育

---

① 郭永贤. 课堂学习研究概论［M］. 合肥：安徽教育出版社，2011：74-77.

教师给予足够的重视和应对。比如，通过课前学生访谈、教学测试了解学生的体育知识背景、运动技术水平、认知偏好，准确识别、预判学生对教学内容理解上存在的障碍及其差异，进而在实际体育教学中科学设计教学内容，积极引导学生审辨学习内容的关键特征，切实做到有的放矢，科学施教。

换言之，要树立以学生学习为中心的理念，采取多元化的教学内容呈现策略，以便更有利于学生充分地感知到体育教学内容，使得学生课中体验的体育教学内容（C_2S）与体育教师课中实践的体育教学内容（C_2T）相一致。

三、体育教学内容变易的课后测评之维

体育教学内容变易的课后测评之维（命名为 C_3V_3），是指课后测评的体育教学内容（C_3）之于体育教师（T）和学生（S）分别所呈现的变易。

由于课后测评的体育教学内容，是衡量和评估体育教师"教"的成果和学生"学"的成果最权威、最根本、最准确也最可靠的依据和指标，因此，明确"体育教学内容变易的课后测评之维"（C_3V_3）的主要类型及其内涵，对于科学评价体育教学质量、反思与改进体育教学过程均具有根本性的关键作用。

（一）课后测评的体育教学内容之于教师的变易

课后测评的体育教学内容（C_3）之于教师（T）的变易，是指从体育教师作为"教学"主体的视角，揭示课后测评的体育教学内容与体育教师之间存在的变易。

主要包括三种类型：

（1）课后测评的体育教学内容（C_3）就是课前体育教师预设的体育教学内容（C_1），即存在着 $C_3 = C_1$ 的关系。

（2）课后测评的体育教学内容（C_3）是课中"体育教师""学生"及其

与具体教学环境的交互作用而"新生"的内容，即存在着 $C_3 \neq C_1$ 的关系。

（3）课后测评的体育教学内容是体育教师实际教会学生的内容（命名为 $C_3 V_3 S_3$）。

从理论上来看，可能存在着课后测评的体育教学内容（C_3）、课中体育教师实践的体育教学内容（C_2）、课前体育教师预设的体育教学内容（C_1）三者相等同的类型，即 $C_1 = C_2 = C_3$。换言之，体育教师课中实践的体育教学内容（C_2）正是其课前预期要教的所有内容（C_1），即 $C_1 = C_2$；课后测评的体育教学内容（C_3）既是体育教师在课中实践的教学内容（C_2），即 $C_2 = C_3$，也是课前体育教师预设的教学内容（C_1），即 $C_1 = C_3$。据此可推出形式 $C_1 = C_2 = C_3$ 成立。

然而，已有的课堂学习研究成果[①]提示我们：学生的学习是一个内外交互、主动建构的过程，即经过与他人互动（例如师生互动和同伴互动等）、与环境互动（例如，参与活动和"做中学"等）、与文化互动（例如，运动表演和竞赛、观赏等），然后再经由自我内心进行诠释、推理、想象、选择、组织、转化、建构、创造、反思与抽象化等动态发展的历程；学生不只是知识的消费者，而是知识的建构者和创生者，这就客观要求：

（1）课前体育教师预设的体育教学内容（C_1），往往还需要根据体育课堂的实际情况，如学生的运动基础、身体状况、心理状态、学习兴趣与需求、学习风格、情意态度、班级学风等作出动态的、相应的调整和优化，这就会导致体育教师课中实践的教学内容（C_2）与课前体育教师预设的体育教学内容（C_1）产生不一致，即 $C_1 \neq C_2$。

（2）课后测评的体育教学内容（C_3），在实际体育教学过程中往往也会因体育教学内容自身在其关键特征上的变易，以及学生的日常生活经验、体育知识背景、运动技能水平、兴趣爱好、学习风格、学习支持、教学环境、

---

① 植佩敏，马飞龙. 如何促进学生学习：变易理论与中国式教学 [J]. 人民教育，2009（8）：33–35.

体育教师专业素养等因素的影响，造成学生只能成功审辨到部分体育教师课中实践的教学内容（C_2），结果导致课后测评的体育教学内容（C_3）与体育教师课中实践的教学内容（C_2）二者之间不一致，即 $C_2 \neq C_3$。

（3）由于体育教学实践过程中存在着 $C_1 \neq C_2$、$C_2 \neq C_3$ 的情况，那么，课后测评的体育教学内容（C_3）就难以与课前体育教师预设的体育教学内容（C_1）相一致或是等同，即 $C_1 \neq C_3$。因此，上述形式 $C_1 = C_2 = C_3$ 只有在理想的体育教学实践中才能实现，实然的体育教学情况往往不是以最理想的形式 $C_1 = C_2 = C_3$ 存在，而常常是以三者非完全等同的形式出现。

变易学习理论启示我们，导致上述变易类型存在的根本原因在于：教学实践中客观存在着"体育教学内容"变易的多维图式，这就决定了体育课堂教学不可能是一个线性的、单向的、机械的、静态的"知识传递、照单全收"的过程，而是一个复杂的、多元的、交互的、动态的"知识选择、重组、转化、传递、辨识、吸收、建构、生成"的过程。因而会造成学生尽管处在同一个体育教学时空环境中，面对的是同一体育教师，一起进行体育课学习，但事实上学生最终学习、掌握到的却是不同的"内容"，最终又突出表现为学生在课后测评的体育教学内容（C_3）或学业成绩上的差异。[1]

此外，建构主义学习理论也表明，学生的学习是一种主动建构的过程，即学习客观上要求学习者以原有经验为基础对其所接收的教学内容进行加工处理。由于体育课堂教学受到学生的学习准备状态、体育教师的教学表现以及体育教学现实环境等多种主客观因素的影响，呈现出很大的复杂性，这往往会导致"教师教了，不等于学生就一定学了，更不等于学生就学会了"[2]。这种情况是教学实践中普遍存在的客观事实，体育教学实践亦不例外。

---

[1] 柴娇. 我国中小学体育课堂教学设计的理论与实践研究［D］. 北京：北京体育大学，2006：61 - 63.

[2] 崔允漷. 追问"学生学会了什么"：兼论三维目标［J］. 教育研究，2013，34（7）：98 - 104.

比如，出现 $C_1 \neq C_2$，但 $C_2 = C_3$ 的变易类型。之所以会出现 $C_1 \neq C_2$，很可能是由于体育教师根据课堂教学的实际情况及时地对预设的教学内容进行了相应的调整或优化，使得课中体育教师实践的教学内容（C_2）与其课前预设的教学内容（C_1）发生了某种变易，导致 $C_1 \neq C_2$；那么，造成 $C_2 = C_3$，则又可解释为，正是由于体育教师充分发挥了自己的专业知识、钻研优势和教学智慧，对其课前预设的教学内容（C_1）及时、合理、有效地进行了相应的调整或优化，使得经过变易后的教学内容更加切合学生、课堂教学的实际，最终使课后体育教师教会的体育教学内容（C_3）与课中体育教师实践的教学内容（C_2）相一致，即 $C_2 = C_3$，这在实际的体育教学中是经常发生的现象。

毕竟人脑不是电脑，教学不是拷贝、复制。希尔伯特·迈尔（2011）的研究成果认为，"学生学的东西总是会与教师计划和希望学生学的东西有所出入"，并指出其主要原因在于："首先，教师不仅要遵循一定的目标，传递一定的内容，而且作为一个完整的个人，他也会在教学中带入他个人的优点、缺点、态度、喜好和倾向。其次，学生会将个人不同的学习条件、需求和兴趣带入课堂教学中。最后，场地、器材、环境条件也会重塑教学过程，对教学的最终效果产生直接或间接的影响"。[①] 这一方面印证了上述理论解释的适切性；另一方面，也提示一线体育教师在进行课前体育教学内容预设时，应兼顾学科、学生、社会、教师自身等多种要素的动态平衡，不能单以某一主体或要素为中心，而应该综合考量，相互兼顾，精心设计。

（二）课后测评的体育教学内容之于学生的变易

课后测评的体育教学内容之于学生的变易，是指从学生作为"学习"主体的视角，揭示课后测评的体育教学内容（C_3）与学生（S）之间存在的变易。主要包括三种类型：①课后测评的体育教学内容是学生课前已会的内容

---

① 希尔伯特·迈尔. 课堂教学方法·理论篇 [M]. 上海：华东师范大学出版社，2011：24.

（命名为 $C_3V_3S_1$）；②课后测评的体育教学内容是学生自学、互学而会的内容（命名为 $C_3V_3S_2$）；③课后测评的体育教学内容是体育教师实际教会学生的内容（命名为 $C_3V_3S_3$）。

1. 课后测评的体育教学内容是学生课前已会的内容

"课后测评的体育教学内容是学生课前已会的内容"（$C_3V_3S_1$），是指体育课结束后，经过体育教学测试、评价，表明学生确实已经掌握了"测评的教学内容"（C_3），但是该内容（C_3）是学生在课前就已经掌握的内容。也就是说，学生无论是否参与该体育课堂学习，最后均能顺利通过课后的体育教学内容测评。

这种变易类型表明了体育教师的教学并未对学生的技能提升或知识增长产生实质性的影响，显然这样的学习是无效的。为了避免该变易类型的发生，确保学生在课堂上能够获得有价值的学习体验，实现高质量的学习，就需要体育教师在课前应做好学情分析，充分掌握学生在课前对体育教学内容预期上的变易，并采取多种形式科学测评学生的已有基础，进而精心预设体育教学内容，力求与学生预期的体育教学内容相一致。

2. 课后测评的体育教学内容是学生自学、互学而会的内容

"课后测评的体育教学内容是学生自学、互学而会的内容"（$C_3V_3S_2$），是指课堂教学结束后，经过体育教学测试与评价，同样能够证明学生确实掌握了"测评的体育教学内容"，但是体育教师对于学生掌握该教学内容的作用不明显或甚微。比如，现实体育教学实践中的"放羊课"，体育教师只是负责集合、点名、宣布自由活动、集合、宣布下课。尽管学生确实在"无明确目标、无具体对应任务、无体育教师科学指导与及时反馈、无明确成果要求"的"自由玩耍"过程中，经由自我教育或与同伴、环境的互动，确实新学会了一些"理应由体育教师负责教学的内容"，如增强了体能、磨炼了意志、感知了团结的力量、深化了集体主义精神的认识、明确了战略战术的意义等，但是体育教师对学生掌握这些"新知"并不起着决定性或主要的作用，甚至是微乎其微，可以忽略不计。

这种变易类型显然也有悖于体育教学的目的和宗旨，无助于体育教学质量的提高。为确保学生真正学到预期的体育教学内容，一方面，需要加强体育教师教学责任教育，强化体育教师以体育人的责任意识和使命担当；另一方面，需要加强体育教学督导，对不履行体育教学职责的体育教师进行曝光、批评教育，甚至调离教学岗位，对不胜任体育教学工作的体育教师，应及时进行专业培训，提高其教学能力。

3. 课后测评的体育教学内容是体育教师实际教会学生的内容

"课后测评的体育教学内容是体育教师实际教会学生的内容"（$C_3V_3S_3$），是指体育课结束后，经过体育教学测试、评价，不仅能够表明学生确实掌握了"测评的教学内容"，如学生在知识、技能、品德、态度、情意、行为等方面较之课前的实际增值，而且该内容确实是体育教师真正"教会"的内容，是学生在体育教师课堂教学的直接或间接指导、协助下所实际学会的内容。

换言之，体育教师在促进学生的有效学习过程中发挥着不可替代的作用，能够助益于学生更多、更快、更好地学习教学内容，与"课后测评的体育教学内容是学生自学、互学而会的内容"（$C_3V_3S_2$）形成鲜明对比的是，体育教师袖手旁观，无视、放任其自身的教学责任，把学习的责任完全推给"学生"，至于学生能否通过自学、互学获得"新知"、获得什么和多少"新知"却不问不顾。

显然，这种变易类型不仅符合体育教学宗旨和目的，而且是课前预期的体育教学内容得以被学生真正掌握的有力证明，同时也体现了体育教师的专业素养和教学能力，彰显了体育教学的真正价值。因此，对这种变易类型应当给予充分的支持和肯定。

第四节 本 章 小 结

本章首先界定了变易、体育教学内容变易的概念内涵，在此基础上，对体育教学内容变易的分析视角进行了解构，并阐释了体育教学内容变易的图式。研究认为：

第一，"变易"作为自然界、人类社会和思维领域中的一种普遍现象，是一个多层次、多维度的核心概念。"变易"是人类世界的一个永恒主题，意味着挑战与机遇并存，要求我们在不断变化的环境中找到自己的位置和方向，不断适应和引领变化，以实现个体和社会的持续发展。

第二，基于"变易"的内涵，可以将"体育教学内容变易"界定为体育教学内容在某些方面的变化、改变。深入理解"体育教学内容变易"，有助于优化体育教学内容设计与实施，切实提高体育教学的育人质量。

第三，历时性、共时性及其二者的有机整合是具体分析体育教学内容变易的三个不可或缺的重要视角，具有重要的认识论和方法论意义。

第四，基于"历时性"与"共时性"整合的分析视角，可以将体育教学内容变易的图式解构为三种主要的类型，即体育教学内容变易的课前预设之维、体育教学内容变易的课中实践之维和体育教学内容变易的课后测评之维。

第五，体育教学内容变易的课前预设之维，是指在正式的体育课堂教学前，体育教师、学生对课中教学或课后教会（学会）的体育教学内容的一种期待、定位、计划及其预先安排，是体育教师备课、学生向学的核心关切。具体可以从"体育教师"和"学生"两个维度进一步解析。

第六，体育教学内容变易的课中实践之维，是指在正式的体育课教学过程中，体育教学内容在其自身构成要素，以及体育教师和学生两大主体分别对课中实践的体育教学内容在认知、理解、对待处理上所呈现诸多的变易。具体可以解构为四种类型：①体育教学内容在关键特征上的变易；②体育教学内容在教师处理上的变易；③体育教学内容关键特征呈现图式上的变易；④体育教学内容关键特征学生理解上的变易。

第七，体育教学内容变易的课后测评之维，是指课后测评的体育教学内容之于体育教师和学生分别所呈现的变易，具体又可以从"体育教师"和"学生"两个维度划分为两种类型。

第五章

基于体育教学内容变易图式的
应变优化设计策略

美国著名课程与教学论专家泰勒曾提出课程
编制涉及的四个核心问题：

（1）学校应该达到哪些教育目标？

（2）提供哪些教育经验才能实现这些目标？

（3）怎样才能有效地组织这些教育经验？

（4）我们怎样才能确定这些目标正在得到
实现？

这四个核心问题被学界视作是编制课程的四
个步骤或阶段①：

（1）确定目标；（2）选择经验；（3）组织经

---

① 拉尔夫·泰勒. 课程与教学的基本原理 [M]. 施良方，译. 北京：人民教育出版社，1994：
17.

验；（4）评价结果。

这就启示我们在进行体育教学内容设计时，也应进一步思考和追问四个核心问题：

（1）学生掌握体育教学内容的目标指向是什么？

（2）学生应该具体掌握哪些体育教学内容？

（3）学生掌握这些体育教学内容应该组织什么样的教学活动？

（4）如何确认学生是否真正掌握了这些体育教学内容？

基于上述分析，本章将从课前精心预设体育教学内容、课中精细实践体育教学内容和课后精准测评体育教学内容三个方面回答上述问题。

第一节 课前精心预设体育教学内容

高质量的体育教学，首先需要回答的是体育教学内容"教学什么"的问题。这就客观要求体育教师在课前精心预设体育教学内容，具体又可以从坚持体育教学目标统领、明确预期学习关键成果和精准匹配体育教学内容三个环节着力。

一、坚持体育教学目标统领

爱丽丝："你能告诉我，我应该走哪条路吗？"

柴郡猫："这取决于你想去哪里。"

爱丽丝："我不在乎去哪里。"

柴郡猫："那你可以随便走一条路，因为对你来说没有什么区别。"

——Lewis Carroll《爱丽丝梦游仙境》

这段卡通人物之间的对话台词看似简单而普通，实际却蕴含着深刻的意涵——目标决定道路，只有明确了自己的目标，才能确定自己究竟要走什么样的道路。正如柴郡猫所言——前进的方向取决于你去哪里，如果没有目标，你去哪里都无所谓。

生活中，目标指明人们需要完成的使命，有助于人们集中注意力和精力。在体育教学中，目标同样十分重要，尤其是体育教学是一项有计划有目的的理性行为，体育教师总是为了某一目的而教，如促进学生核心素养的发展。

首先，从体育教学目标的历时性结构来看，其主要包含体育课程教学总目标、学段体育教学目标、学年体育教学目标、学期体育教学目标、大单元体育教学目标、课时体育教学目标等不同的层次。其中，学段体育教学目标又主要包含小学、初中、高中、大学四个学段。

其次，从体育教学目标不同层次之间的逻辑关联来看，体育课程标准所规定的体育课程总目标是对学校体育课程教学"培养什么样的人"的总体要求和具体规范，具有较高的概括性和抽象性，其实现过程也并非一蹴而就，而是需要较长的教学周期。因此，体育课程总目标需要进一步分解、细化和转化为各学段体育教学目标、学年体育教学目标、学期体育教学目标直至大单元体育教学目标。这就客观要求实际执教的一线体育教师，应科学地将体育课程标准所规定的体育课程教学总目标逐层进行分解和转化，使其具体化，具有可操作性和可实现性。

最后，从体育教学目标与体育教学内容的关系来看，体育教学目标作为体育教学的首要核心要素，对于体育教学内容的选择、体育教学活动的组织、教法教学策略的运用以及体育教学效果的评价均具有明确的指向性、内在的规约性和绝对的支配性。反过来，体育教学内容又是实现体育教学目标的载体和支撑，二者既相对独立又辩证统一，不可分割。正所谓：无"目标"的"内容"，则盲；无"内容"的"目标"，则空。比如，体育教师教授给学生的体育教学内容，一定是体育教师基于某种（些）教学目标而值得教、应该教，也必须用心教好的。可见，明确回答体育教学内容"教学什么"的问题，则又必须坚持体育教学目标统领的原则，即以回答"为什么教（学）"的问题为先。

二、明确预期学习关键成果

坚持体育教学目标统领的原则，需要体育教师进一步追问和回答：在有限的体育课堂教学时间里，学生应该聚焦在哪些特定的知识和技能？要求学生做出哪些有效的学习表现？学生应该优先知道、掌握哪些重要知识（What do students know）？重点习得哪些核心技能（What can they do）？能够运用所学的知识和技能完成什么任务或解决什么问题（What can they do with what they know）？等等。换言之，需要明确预期学习关键成果，这对于一线体育教师科学预设体育教学内容，确保其系统性、完整性具有重要的价值。

（一）预期学习关键成果的内涵解析

何谓"预期学习关键成果"？理解其含义，可以采用关键词解析法。

首先，从"预期"一词来看，其表明了体育教学是一种有目的、有计划的特殊活动。由于体育教学活动会产生很多预期或非预期的学习成果，其中一些非预期的学习成果可能还是非常好的，但是，体育教学不以偶然的非预期学习成果为重点，而是以清晰、明确的预期学习成果为核心。

其次，从"学习"一词来看，学习就是学生经由教师精心设计的教学活动所获得的改变。其体现了学生的主体性，蕴含的意思是当学生经过体育教学与学习活动后，如果能够表现预期的行为、认知或情意上的改变，则可以认为体育教学目标达成。相反地，则可以认为体育教学目标没有达成。换言之，体育教学的根本目的是促进学生的健康发展，而不是为了体育教师或其他什么人的利益。

最后，从"成果"一词来看，其表明了体育教学关心的是学生在学习结束后的预期改变或将所获得的东西，如学生知道什么、能够做什么、深度理解什么等。

综上所述，所谓的"预期学习关键成果"，就是对学生经过体育教学内容学习后所取得的一些重要东西的一种描述，它既可以是期望学生学习的事实、观点、理论、概念、原理或其他类别的信息，如竞赛规则、超量恢复等，也可以是技巧、技能、能力、价值观或情感，如尊重裁判、遵守规则、爱护运动器材等。①

值得注意的是，在体育教学的过程中，体育教师采用的具体教学策略，学生的运动体验或经验，以及师生交互作用的中介如教学活动、书籍、图片、影像、教具等都不是预期的学习成果，只能看作是达成预期的学习成果的凭借。由于有些预期学习关键成果是显而易见的，而另一些则是内隐的，为此，需要体育教师进一步地科学鉴别。常见的错误例子如"提高学生的运动能力"，其中"提高"只是体育教师的教学活动，并不代表学生应该达成的具体学习效果。因为提高学生的某一方面的能力，正是体育教师要做的教学活动，而教学目标则需要表明，教师提高学生运动的能力之后，期望学生能做什么事？这恰恰无从知晓。

另一种常见错误是，将学生的学习过程视为是学习成果。比如，"获得有关基本运动原理的知识"。知识之获得，只是学习活动而已，并不能明确而具体地指出体育教师所预期的学生经由学习活动之后，所应取得的具体学习成果。事实上，单一学习经验并不只引发单一的学习成果，可能导出多种的学习效果。另外，有些学习成果（如态度），也不能从单一的学习经验就学得到。类似的还有"认识""发展""学习"等用语。此外，将"预期学习关键成果"仅窄化为某种运动项目的动作技术或运动技能也需要得到纠正。

---

① 波斯纳，鲁德尼茨基. 学程设计：教师课程开发指南（第7版）[M]. 赵中建，等译. 上海：华东师范大学出版社，2010：48-49.

（二）预期学习关键成果的确立方法

明确预期学习关键成果，可以从确立需要持久性理解的大概念、确立需要深度理解的核心问题，以及确定需要熟练掌握的关键知识和核心技能三个环节进行。

1. 确立需要持久性理解的大概念

《普通高中体育与健康课程标准（2017年版2020年修订）》不仅正式提出"体育学科核心素养"的概念，并将其作为课程的主要目标，而且还特别强调"重视以学科大概念为核心，使课程内容结构化，……促进学科核心素养的落实"。①《义务教育课程方案（2022年版）》尽管明确提出了"重要观念"，但其实质与"学科大概念"是基本一致的。相关研究成果表明，"大概念"对明确预期学习关键成果具有独特的价值意蕴。那么，究竟什么是"大概念"，"大概念"具有什么特征，如何选择"大概念"等诸如此类的问题就亟待予以理清。

"大概念"是对英文"Big Idea"的翻译，常被译为"大观念""大思想""大想法""核心观念""核心概念""重要概念"等。文献表明，"大概念"最早由奥格威（Ogilvy，1985）使用，用于指导市场中品牌竞争的策略，之后被广泛地应用于教育等其他领域。当前，学术界对于"大概念"的认知和理解还处于不断丰富和深化阶段，尚未达成广泛的共识。综合来看，"大概念"是一个相对的、比较的、宽泛的概念，具有丰富而深刻的内涵。具体到体育学科，我们将"大概念"界定为：体育学科中具有统整力量大、迁移范围大、影响作用大、形式变化大、理解难度大的一类特殊表达，其呈现形式既可以是居于高阶的核心概念，也可以是反映体育学科本质的重要观点、

---

① 中华人民共和国教育部. 普通高中体育与健康课程标准（2017年版2020年修订）[M]. 北京：人民教育出版社，2018：3.

思想或原理。

准确把握体育学科"大概念"的关键特征，可以从促进学生核心素养发展的学习内容、学习程度、学习目的三个方面进行解析。

（1）从促进学生核心素养发展的学习内容结构化来看，"大概念"具有内容统整力量大的显著特征。"大概念"指向的是体育学科的本质、目标、价值，处于知识体系的高阶位置，涵盖、联结众多的中概念、小概念、知识点及相关的现象、事实等①，具有强大的统一、整合力量。"大概念"犹如一张巨大的"网"，能够将原本分散于体育学科内或超体育学科的相对独立的各种事实、经验、知识、原则、理论或技能等元素统一、整合起来，使之重新建立起某种（类）新的关系，形成新的有机统一体，表现出统整力量大的突出特征。比如，"生命在于运动"这个"大概念"，就可以实现对原本各自分散于生命科学、人体科学、健康医学、哲学、行为学、体育学、教育学学科中的知识、技术、技巧、原理、原则、理论等元素之间的有效统整，并赋予其新的意义。

（2）从促进学生核心素养发展的学习层次来看，"大概念"具有学习理解深度大的突出特征。"大概念"来源于学科及其相关的现实世界，是经过高度抽象、概括后的思维产物，反映的是专家级别的对体育学科本质或重要问题的深层次理解水平，因此，"大概念"并不是显而易见、浅显易懂的，也不是学生能够直接学习的一个知识点，不能直接灌输或强加给学生，而是需要经由体育教师的分解、转化和具化，以及采用比较、案例、讨论等方式方法，创新性地引导学生持续、反复地探索"大概念"与其生活、经验的联结关系，进而使抽象的"大概念"转变为与学生个人生活经验密切相关，且能够被学生逐步理解和接受的具体问题，最终"大概念"才能被学生逐渐掌握和理解，这也充分地体现了"大概念"具有学习理解深度大的显著特征，

---

① Wiggins G，McTighe J. 重理解的课程设计［M］. 赖丽珍，译. 台北：心理出版社，2018：82.

能够实现促进学生核心素养发展的深层学习。

（3）从促进学生核心素养发展的学习目的看，"大概念"具有迁移应用范围大的优势特征。"大概念"能够超越适用于特定情境中的个别化的知识和技能，不仅可以被迁移应用于学科内的不同主题、情境、问题、活动中去，而且能够被迁移应用到其他学科领域、社会生活情境或问题解决中去，具有广泛的应用性。以"体育精神"这个"大概念"为例，一方面"体育精神"能够被迁移应用到学生的技能学习、课余训练、竞技比赛、运动观赏、日常学习与生活等不同情境问题的分析与解决中去。另一方面，"体育精神"所包含的团结、拼搏、顽强、永不放弃等要素还能够超越体育学科的范畴，被迁移应用到学生之外的其他群体的学习、工作、生活中的不同情境中去。

科学发掘体育学科"大概念"，对于绝大多数的一线体育教师而言较为陌生，可以从三个方面着手：①重点收集教育部门发布的关于教育、学校体育、体育与健康课程教学改革的重要政策文件、最新国内外的研究报告、专著、论文等成果，以及社会上的热点话题，甚至是来自学生的"想法"，这些素材都是发掘体育学科"大概念"的重要来源。②整合力量，发挥团队成员的智慧。积极整合体育教师个体、教研室团队、体育与健康课程教学专家、学者等主体力量，对收集的主要素材进行重点分析和判断，从中梳理、发掘一些重要的观点、思想、概念、理论等，再经集体讨论最后拟出备选的体育"大概念"。③根据学生的身心特点、知能基础、学习需求、生活经验等具体学情，再次对备选的体育学科"大概念"的价值进行比较，经过必要的调整、优化、转化后，最后确定体育学科"大概念"。此外，在筛选体育学科"大概念"时，应坚持"少即是多"的原则，循序渐进地使学生随着学段中体育学科概念复杂性、抽象性、丰富性的提升，发展学生渐增的专家型理解能力。如美国 SPEM 课程在教学内容安排上就特别注重"大概念的逐级递进，从 3－5 年级由浅到深反复提及，这样不仅能够使得学生由易到难，更好理解和掌握体育知识，而且有利于学生在原有知识的基础上进行知识再加工和创新"①。

2. 确立需要深度理解的核心问题

"核心问题"（EQ）是一种引导学生概念性思考与问题解决的工具，目的在于帮助学生把思考从事实与技能层次，提升到高阶的概念性理解层次，从而驱动学生朝向"大概念"思考，以利于学习迁移。其主要包含事实性、概念性、辩论性问题。其中，事实性问题聚焦时间、地点、情境，问题特定而不随案例迁移，核心是符合事实目标，建立学生的知识基础。而概念性问题则可以挑战学生已有知识，把学生的思考延伸到更具深度以及可迁移的概念性理解。例如，"发展体育运动对于人民的意义有哪些？"，便是一个不受时间限制的问题。值得注意的是，只有真实的问题才可以产生深度理解的学习。在设计时，一般每一个"大概念"需要选配 3~5 个事实性问题和概念性问题，每个单元也需要 1~2 个整体性的辩论性问题。当然除此之外，教师还会提问其他问题，"核心问题"的终极目的是引出学生产生文本根据、事实依据、论证根据支持的概念性理解。

用"如何""为何"以及"所以呢""会怎样"提问与回答核心问题，需要注意使用的动词。如我们训练的是什么？为什么我们要以这样的方式进行运动？我们如何进行科学的运动训练？我们如何知道这是此时此刻最适合我们的运动或方法？当前学校的体育课真的能够促进学生的健康发展？为达到被视为健康的标准体重，我应该参加什么样的运动？如何有计划地运动？等等。

一个问题要成为"大问题"，应具有六个关键特征（见表 5-1）：①大问题要能够引发争辩，不能有简单、确定的答案；②旨在引发及维持学生的

---

① 胡小清，唐炎，陈昂，等. 美国 SPEM 课程的特征及对我国小学体育教学的启示 [J]. 体育学刊，2017，24（4）：78-83.

探究；③与学科的概念基础或哲学基础有关；④能引起其他重要的问题；⑤会自然而然地适当重现；⑥挑战对"大概念"的假定，以及之前所学的持续重要思考。

表 5-1   "大问题"特征解析

特征	解析
开放性	即"大问题"不是事实性问题，不会只有单一的、简单的正确答案，其能够引发进一步的探究和争辩，经得起反复追问——各种看似合理的可争辩回答，而非结束问题的直截了当的事实信息。"大问题"的作用是导入有焦点却灵活的提问和研究，这些问题应该发现体育学科中有争议的重要问题、难题或观点，而不是仅仅涉及而已。其目的在于引发学生自己的论断，而非引用事实信息。例如，运动有助于增进人们的健康吗？
深刻性	即"大问题"能够体现专家层次的思考水平。虽然聚焦在学习及最后的表现，但其设计在于引发学生的思考，以及吸引他们专注在持续的聚焦的探究上——如果这些探究最后能累积成重要的学习表现，那么"大问题"将发挥最大的作用。而这类"大问题"常常包括反直觉的、发自内心的、异想天开的、富有争议的，以及能引发讨论的重要问题。例如，为什么说"生命在于运动"？什么是中国女排精神？当学生探究这些问题时，他们就会发展及深化对相关重要概念的理解
指向性	即"大问题"指向体育学科的核心，与体育学科的概念基础或哲学基础有关，反映了体育学习领域内一些重要议题、问题或论争。比如，运动损伤一定无可避免吗？运动心理学是科学吗？体育教学如何面向全体又兼顾个体差异性？
连接性	即"大问题"能引起其他重要问题的思考，会导向体育学科内的其他"大问题"，有时甚至导向跨学科领域的"大问题"。例如，"雾霾天，体育课该如何上？"便可以导向"运动、环境、健康"，进一步引发人们对运动环境、环境与人们健康生活等议题的思考与探究
再现性	即在整个体育学科发展史和学生的学习过程中，相同的"大问题"会自然而然地适时重复出现。例如，为什么要跑那么快？竞技体育竞赛如何保障公平正义？这些问题可以被不同学段的学生持续追问，但是随着理解水平的提高，学生的回答也会与时俱进，答案也会变得更复杂、更细微、理由更充分、也更有说服力
挑战性	即"大问题"会挑战人们对"大概念"未经反思过的先在假定，挑战对以往所学不可避免的简单化，以及挑战我们不假思索就接受的论据，引发对旧知更深刻的思考。例如，新冠疫情下运动如何促进人民大众健康？竞技运动竞赛能否杜绝兴奋剂？

资料来源：Wiggins G，McTighe J. 追求理解的教学设计（第二版）［M］. 闫寒冰，宋雪莲，赖平，译. 上海：华东师范大学出版社，2016：121-125。

核心问题是理解大概念的途径，必须围绕大概念来设计，且内容必须清晰、准确。核心问题的设计要注意以下四点：①数量上，每个单元以 2～5 个为最佳；②逻辑上，问题设置最好层层深入、过渡自然；③难易程度上，要符合学生身心发展的规律，并具有挑战性；④知识整合上，尽量实现跨学科的融合。比如，哪些因素影响体育竞技的公平？体育一定可以促进人们的健康吗？人们为什么要运动？运动损伤是不可避免的吗？运动训练强度越大，运动成绩就越好吗？

大概念和核心问题体现了知识的核心与关键，引导学生调动已有知识来解决问题，以促进他们对新知识的理解和掌握。教师在设计大概念和核心问题时需要审慎考虑，既要体现知识的价值也要促进学生的长远发展。

专注于特定运动项目的运动技术学习，本无可厚非，但须要清醒地认识到，学生不能仅仅止于被"训练"，特别是机械、单一、乏味又缺乏长远价值和意义的训练，学生真正需要的是被"教育"。换言之，学生固然可以照葫芦画瓢地"拷贝"、复制教师的运动技术、技巧及其表现，有时也知道用言语陈述这些程序性知识，甚至也能够将其运用于体能、技能达标的测试中，但这种"知其然"式的"训练"本身却并不表示学生就能洞悉"知其所以然""知其所应然"——理解这些运动技术背后的缘由、价值、原理、原则及其深层次的意义世界。尤其是在一个教育标准化盛行、只需简单化应用的时代，学生并不太需要深刻体会这些原理。

因此，体育教师不能幻想学生只要专注于这些训练活动就能加深、拓展他们对训练及其生活世界的认知和理解，学生在被"训练"做什么（What to do）、如何做（How to do it）之前，更应首先被"教育"，提升其深入、持久的理解力，使其有意识、有能力地严肃思考与追问"为何做此而非彼？""何所应为？"

诚如来自皮德思的疑问："伊顿公学是英国著名的贵族学校，也许那些站在滑铁卢战场上充满决心的战士们是在伊顿公学的操场上学到类似的东西，但值得追问和深思的是——他们是否学到为何如此？是否能够感同身受地体会到托尔斯泰在博罗金诺战场（拿破仑远征俄罗斯的战役）所见的一切？"

事实上，皮德思是以拿破仑在征俄及兵败滑铁卢之役作为说明，伊顿公学的教育，纵使不全然是军事，但可强化其意志，使其在战场上战胜拿破仑。但托尔斯泰在《战争与和平》中，却是借着拿破仑征俄，反思战争在人类生存上的意义，也唯有开展历史知识的视角，才能有此反思，而这与在伊顿公学学习、迁移到战场以获致成效，不可同日而语。①

苏格拉底曾有言"未经反省的人生不值得活"。他指出了所有理性活动的核心在于关切真理与谬误、适当与失当、正确与错误、应然与实然、事实与价值等。严肃思考这些核心，彰显的是一种态度和确认，而这也正是体育教学得以适切、有效地进行的前提与基础。当然，这并不意味着要放弃对体育知识、运动技能的精熟掌握。因此，"教育"学生，提升其深度而持久性的理解力，而不只是"训练"学生掌握体育知识和相关运动技能，这是高品质的体育课程与教学的鲜明特征，也是其应然追求。

3. 确定需要熟练掌握的关键知识和核心技能

掌握一定数量的相关知识和技能，是实现深度理解和学习迁移的前提和基础，缺失了这些必要知识和技能做支撑，学生就难以做到知识间的融会贯通，也没有进行学习迁移的可能性，并且这些重要的知识和技能与单元的核心内容紧密相关，所以教师还需要明确学生应该掌握的重要知能，帮助学生获得达到真实的理解性学习的"入场券"。例如，《普通高中体育与健康课程标准（2017 年版 2020 年修订）》与《普通高中体育与健康课程标准（实验）》相比，制定了体能模块和健康教育模块各 1 个学业质量水平以及运动技能系列中足球、跳远、健身健美操、蛙泳、防身术、花样跳绳等阶段性学业质量水平。在健康教育的单元学习中，学生需要深度理解：①健康的科学

---

① Peters R S. 伦理学与教育 [M]. 简成熙，译. 台北：联经出版社，2017：261 –270.

含义；②维护和增进健康的基本技能；③辨析健康的生活方式；④环境与健康的关系等。从而回答了学生接受普通高中体育与健康课程学习后应该取得的"预期学习关键成果"。

三、精准匹配体育教学内容

当明确预期关键学习成果后，体育教师就需要进一步回答用来支撑实现前者的体育教学内容"是什么"和"有多少"的问题。

这就涉及"什么知识最有价值？""什么知识在有限的教学时空下最值得教？"虽然有国家课程标准、地方与校本课程纲要，然而要回答这样的追问并不容易。显然，在设计课程与教学内容时，却不能只依据上述标准和纲要。尽管当前仍然没有确切的答案，但是有四种取向最为值得一线体育教师进行教学内容匹配时重视：

第一种价值取向强调知识体系，以学科知识的精熟掌握为课程与教学内容设计的核心；第二种强调学生的需要、兴趣和能力，以学生需求为课程与教学内容设计的核心；第三种强调社会取向，包括社会适应和社会批判两大取向；第四种强调教师的中心地位，主张以教师的经验、专业、判断为核心设计课程与教学内容。

1. 学科精熟取向的体育教学内容

学科精熟取向的课程论者认为，学科是追求真理和知识的架构，各个学科有各自的知识组织结构，包括概念、原理、原则和方法；主张课程的本质已先于社会、学习者和学习过程建立起来，学科知识体系应成为传授事实的主要依据。持该论点者固然了解儿童发展的研究可能影响课程与教学内容的安排，但是他们较注意学科的结构或知识的性质，或者说他们虽然承认儿童确实是在现实社会中生活、成长，但是他们却认为社会在发展课程方面所扮演的任务微不足道。

　　一般而言，依据学科知识中心路径而设计的课程可划分为两类，即学科结构课程和认知方式课程。主张采取学科结构课程决策者高度强调课程决定的起点与关键应放在课程的标准化和课程与教学内容更新的学科本位化。如有论者直言，唯有可以外在化和客观化的知识，才值得考虑去学习，传统学科中组织最有系统的与最有效用的知识，才构成学校课程，在决定必须选择的知识元素及其组织方式方面，学科的专家最有发言权；课程为学科的缩影，须有与其一致的研究路径与顺序，以及能反映出学科的基本概念和探究的方式；课程与教学内容须取自学科，或者说只有包含在学科内的知识才适合于课程，换言之，心理的需要、社会的问题，以及不属于学科内容的任何材料的任何类型，均不适用于所决定需要教授的东西。值得注意的是，学科精熟取向的课程体系由学科专家、学者设计，而教师的任务是要成为一个有效能的知识传递者，而学生则是在教师的指引下接收专家、学者认为最有价值最值得学习的经验和知识。然而，其在教育改革方面的表现效能却并不显著，究其原因或许在于对学校具有组织特性的感受并不敏感，而且漠视了教师的自主与控制的需求，尽管其与传统的课程相比，在教导观念与培养学生对学科的积极态度方面确有一些效用。

　　而采取认知过程发展的课程与教学观，则主张认知的方式是多元的，并不是局限于一两种，而且这些多元的认知方式在学校课程与教学中均应受到足够的重视。因此，该论者强调学校的课程与教学应促进学生认知过程的发展，教导学生如何学习，提供他们精炼各种心智官能的机会。当前最有影响力的认知过程发展观当属布卢姆的认知领域教育目标分类法，其中指出记忆、理解、应用、分析、综合、评价六层次的思考范型。

　　学科精熟取向的体育教学内容，更倾向于强调支离破碎的知识和个别化的技能，以至于忽略整体的学习经验。

2. 学生需求取向的体育教学内容

秉持学生需求取向课程与教学设计观，主张儿童是课程的起点、决定者和塑造者。发展中的儿童虽然在某个学段学习课程与教学内容知识，但是各个学科也仅仅为学习的一种方式，而非全部。固然儿童也是在社会环境中发展，且受之影响，但是社会的需求不能视为最重要的要素，原因在于社会须接受成熟自主的个人，并为其提供服务，才能达到最佳的状态。而学生需求取向的课程与教学正是以发展成熟自主的个体为根本目的，由此可见其重要性所在。有论者更是直言：一切教育运动的中心在儿童。一般包括情感教育、开放教育和发展性教育三种类型。情感教育论者强调儿童的感受与价值观。儿童的认知发展有其重要性，固然受到肯定，但往往被视为仅仅是情感发展的附属品而已。因此，课程行动者便得以聚焦有助于儿童了解与表达情感，以及辨别或厘清价值观的教学活动。情感发展取向的课程，选择符合学生兴趣及与其有关活动和经验，经常是临时安排、创设，而非课前仔细设计，教师被视为学习的催化员，不鼓励其从事支配的活动，而应将儿童置于所有活动的中心，一般是"协助学生知悉事务与问题的活动、激发学习动机的活动、创设具有奖赏与惩罚性质的活动，以及获取胜利与熟练度的活动"。

开放教育论者主张通过正规的试探、活动与发现，启迪学生社会的与认知的能力，以发展健全的儿童为课程与教学工作的起点与焦点。认为学习环境是课程与教学的首要部分，以评估儿童的学习准备度，然后提供具有激发其成长的环境。为使方案本身适合儿童的需求，教师需要提供充实的学习环境，尤其要在学习中组织可供运用的具体的素材，鼓励儿童学习，掌握其学习进度，在协助学生个体和小组学习等方面扮演更重要的角色；儿童在学习态度、创造力、合作与自主学习等方面也获得较为充分的发展。

强调学生的兴趣、需要、希望、发展阶段性等，是设计、支配学校教育课程与教学内容及其顺序的重要考虑要素，而后者是助长所有学习者依据自身能力、兴趣、意愿发展的工具、手段或载体。教师被视为课程的调适者，即设定若干学习成果，并评估学生目前的发展层次，然后修正与优化预定的课程与教学内容，选择足以对学生产生挑战性的学习活动，以迎合学生的发展需求和潜能，使学生在活动中积累经验、学习和成长。考虑学生的发展，在选择和安排课程与教学内容方面有其效用，但目前尚缺乏足够的证据用以支持其比其他的价值取向课程更有效。

驱动学生学习、构成学生发展原动力的，是学生目前已达到的发展水平、已经掌握的经验、知识、思维方法、行为方式，与新的要求、需要、期望达到必须达到的水平之间的矛盾。这也就提示，教师要求学习的教学内容，必须是超越学生既有发展水平的东西，但同时又必须是经过教师筛选、指导，学生凭借已有的经验、知识和能力，可以学习和掌握的东西。也就是说，教育不能着眼于学生实际已经达到的心智发展水平，而应当是凭借学生现有的发展，创造出学生新的心智发展基础。维果茨基主张教育应当定位于儿童现有心智发展状态的最近发展区。凭借已有的心智发展，新的发展才有可能产生，但它是尚未实现的心智功能。可以说，处于未完成阶段并呈蓄势待发状态的心智功能，最容易受到教育影响，因此它是能最有效地施加教育影响的发展区。综上所述，教师应该着眼于学生的最近发展区，去选择教学内容，实现新的发展，从而创造出另一个新的最近发展区，然后再着眼于这个新的发展区，去选择教学内容。

体育教学内容在筛选时可以有多重选择，但是一个前提是，该内容一定要对学生有意义。学生各有不同的运动经验，对从小在城市长大的学生有意义，也许对其他地区的学生并不然。要解决这种差异，可以多提供一些内容，增加教学素材的使用弹性。

3. 社会发展取向的体育教学内容

总体来看，赞成以社会发展取向作为决定课程的起点与基本要素，主要存在"社会适应观"和"社会批判观"两大派别。

（1）社会适应观。

该派别主张课程及其教学应协助学生适应现存社会，以 F. 巴比特（F. Bobbitt）最为典型。持这种观念的人认为现存的社会秩序是最完备、最美好的，即便存在一些缺陷，也不足以影响整体，成熟的成年人完全有能力应对这些小问题。因此，教育的重心应当放在向年轻一代传授社会历史知识，培养他们对社会价值的认识，以及指导他们如何在社会中扮演好自己的角色。持有这种观念的教育者在设计课程和教学内容时，会从确认社会的需求出发，推导出相应的教学目标。教师的角色是帮助学生理解现有制度的优越性，并认识到其他制度可能无法比拟。例如，他们可能会将课程定义为"通过培养儿童和青少年在成人生活中所需的各种能力，以及他们作为社会成员必须承担和体验的一系列事务"。从社会的视角来看，这种教育观念将课程视为一种工具，旨在培养学生成为社会化的人，使他们能够适应现有的工作结构和科技环境。这种教育设计基于一种现实观念，即现有的社会和工作条件是理所当然的，学生应该学会适应它们。一些评论家指出，20世纪70年代兴起的"生涯教育"运动受到了社会适应论的深刻影响。该运动的目标是使学生社会化，让他们接受并融入现有的工作组织和技术环境中，按照既定的社会规范和期望来塑造自己。

（2）社会批判观。

该派别主张课程与教学应着力提升学生的批判能力，培养学生建立新目标的技能，以促成更好更有效能的社会改变。具体又可以划分为三种观点。

一是改革论者倡导一种既乐观又审慎的教育观念，他们深信民主社会的基石是坚实而积极的，同时也清晰地看到社会秩序中亟须改革的方面。在他们看来，课程不仅是知识传递的载体，更是推动社会进步和改革的有力杠杆。改革论者强调课程设计应着眼于培养学生对周遭社会问题，如环境保护、青少年健康教育等的敏感度和深刻理解，同时装备他们解决问题的智慧工具和方法。在这一观念指导下，课程设计者承担着首要任务：识别并凸显那些迫切需要解决的社会问题。教师在此过程中扮演着至关重要的角色，他们不仅是知识的传递者，更是引导者和激励者，积极引领学生认识到这些问题的严重性，并激发他们的社会责任感。教师的使命是培养学生的批判性思维，鼓励他们不仅仅满足于现状，而是勇于探索、积极行动，为社会带来积极的变化。改革论者认为，教育应当激发学生的潜能，让他们成为能够洞察社会现象、理解社会需求、参与社会改革的活跃分子。通过课程和教学的精心设计，学生能够学会如何识别问题、分析原因、提出解决方案，并最终采取行动，为构建更加公正、健康、可持续的社会贡献自己的力量。这种教育理念强调了教育的社会功能和责任，以及教师在培养学生成为改革者方面的重要作用。

二是未来论者抱持着对教育的深远愿景，不将视野局限于解决眼前社会问题，而是放眼于构筑一个更加美好的未来图景。他们通过深入分析当下的社会发展趋势，洞察未来的可能走向，并致力于构思创新的应对策略。未来论者深信，每个人都有潜力塑造未来，因此他们倡导学校教育应致力于培养学生具备实现这一目标所需的关键技能。这些教育者强调课程的设计必须具备前瞻性，不仅要关注目前的社会状况，更要着眼于激发学生对未来的无限遐想和积极规划。他们认为，教育的目的在于培养学生，使他们能够预见潜在的发展机遇，并在多元可能性中做出明智的选择。以沙恩（Shane，1982）的观点为例，他提倡课程设计者应深入观察并理解社会趋势，与各领域的专家进行对话，共同预测那些将对未来产生深远影响的关键要素。基于这些预测，课程设计应培养学生的远见卓识，使他们能够在变化莫测的世界中，作出富有洞察力的决策。未来论者倡导的教育不仅仅是传授知识，更是一种启发思考、激发创造力、培育责任感的过程。他们期望学生能够主动探索、勇敢梦想、积极规划，最终成为引领社会向前发展的力量。通过这样的教育，学生将被激励去超越现实的局限，为构建一个更加公正、和谐、繁荣的未来贡献自己的智慧和热情。

三是激进论者持有一种挑战现状的教育观点，他们深信社会根深蒂固的问题需要被揭露和解决，而教育正是这一变革的关键。这些教育者视课程为一面镜子，反映社会的种种弊端，同时更是一把火炬，照亮青年人进行深层次社会变革的道路。《被压迫者的教学法》等标志性著作中提出，教育的真正意义在于唤醒人们的意识，使他们能够看清并反抗那些存在于社会文化现实中的不平等和压迫。激进论者倡导的教育不满足于表面的改革，而是鼓励学生深入挖掘问题的本质，激发他们对改变现状的渴望和能力。他们相信，通过编写自己的教科书，学生不仅能够表达对现实世界的深刻认识，也能够描绘出对未来世界的憧憬和期望。在这个过程中，学习阅读和写作不再是单纯的技能训练，而是一种力量，一种让学生能够理解并质疑生活中的不公正现象，进而寻求改变的力量。此外，激进论者强调教育的目的不应当局限于为学生提供就业机会，而是要培养他们成为有思想、有担当的社会成员。他们认为，教育应该帮助学生建立起批判性思维，培养他们解决问题的能力，并激发他们为创造一个更加自由、平等的社会而努力。总的来说，激进论者倡导的教育是一种深刻的社会参与，它要求学生不仅要认识到社会的问题，更要积极寻求解决之道，通过实际行动推动社会的进步。这种教育观念强调学生的主动性和创造性，以及教育者在引导学生成为社会变革者方面的重要作用。[①]

具体到体育教学这个微观领域来说，一方面，从历时性的观点看，体育教学内容的变迁反映了社会发展需求的变化。另一方面，从社会的发展趋势和发展方向可预测未来的体育教学内容需求。比如，古希腊罗马时期，角力学校是培养战士的摇篮，其体育教学内容专注于锻造战争所需的力量与技巧。课程囊括了跳跃、跑步、投掷铁饼、标枪以及角力等项目，旨在塑造强健的体魄和敏捷的身手。随着时代的车轮滚滚向前，希腊人的体育观念也日益升

---

① 王文科. 课程与教学论（第七版）[M]. 台北：五南图书出版社，1999：152–154.

华，不再局限于军事和国家的需求，而是融入了道德伦理和审美追求。体操和竞技成为了教学的双璧，旨在培育出体格匀称、健康充沛的公民，同时激发他们的勇气、耐心、坚定的意志和决策力，塑造其性格，培养美的体态和高尚的心灵，并倡导体操与音乐的和谐统一。然而，中世纪的阴霾曾一度让体育蒙尘，身体被误认为灵魂的敌人，遭受了不应有的忽视甚至摧残，导致体育在历史的长河中一度淡出人们的视线。直至 17～18 世纪，随着工商业的蓬勃发展，一种顺应自然、全面挖掘个体潜能的教育理念应运而生，重新点燃了人们对体育的热情，并逐步构建起近代体育教育教学的框架。在这个时期，体育教学的目标转向了培育适应工业时代需求的健康体魄、体力和技能，致力于为大众谋求更幸福、经济自立的生活。裴斯泰洛齐等教育家，以基础体操为起点，关注关节运动，设计了无须器械辅助、简便易行的徒手运动，以及行之有效的行进练习和联合运动。到了 19 世纪末至 20 世纪，英美等地的体育运动蓬勃兴起，体育在学校教育中占据了举足轻重的地位，体操教学变得更加系统化。特别是，体育竞技所孕育的进取精神、机智、合作等品质，与民主主义精神不谋而合，为社会培养了一代又一代具有开拓精神和团队协作能力的公民。这一连串的历史演变，不仅映射出人类对体育认知的深化与拓展，也昭示了体育在塑造个体全面发展中不可或缺的作用。从古希腊的体格与精神并重，到中世纪的忽视与遗忘，再到近现代的重视与复兴，体育教学始终与时代的发展同频共振，不断丰富其内涵，拓展其外延，为培养身心健康、德才兼备的个体提供了坚实的基石。[①]

　　当前，如何持续提升我国青少年学生的体质健康状况仍然是一种巨大的现实难题。在此背景下，高质量的体育教学内容应围绕增进学生最佳的身体、心理和社会发展，并且应该倡导面向全体学生都能参与和终身追求的活动和运动而确立。

---

① 佐藤正夫. 教学论［M］. 钟启泉，译，北京：教育科学出版社，2001.

比如，《普通高中体育与健康课程标准（2017 年版 2020 年修订）》研发团队则是将体育与健康课程内容划分为体能、健康教育和运动技能 3 大方面，其中运动技能又划分为球类运动、田径类运动、体操类运动、水上或冰雪类运动、武术与民族民间传统体育类运动、新兴体育类运动六大运动系列①，从而也回答了高中学段体育与健康课程"学什么"的问题。

综上所述，在体育教学中应选择那些对学生来说最有学习价值的内容，不仅意味着体育知识、运动技能的理解和掌握，而且还应具有更高远和更深层次的意义和价值。如运动之于生命意义的彰显、人生价值的探寻与实现等，这有助于我们从新的高度、深度和广度来重新审视体育教学内容，获得新的认知和启示，弥补现有的体育教学内容观存在的诸多不足和缺失，进而重建新的体育教学内容观。

为此，首先应重新审视体育教学内容的内涵、特征及其之于学生、教师、教学目标、教学策略、教学质量的意义与价值。其次，在选择和设计体育教学内容时就不能只简单地考虑体育学科目标、体育与健康课程的目标以及教育的目标，还必须同时考虑体育教学内容与学生的日常生活经验有什么联系？体育教学内容究竟要发展学生哪（些）方面的能力或获得什么样的新理解、新认知？是否切合学生的实际？学习内容对于学生有何意义？学生学习这些内容应具备哪些必要的条件和知识基础，又可能会面临哪些学习困难和障碍？如何化解？等等。比如，我们不应该讨论是否应该教技术，而是应该教"什么样的技术"，发展体能的技术、送学分达标的技术、实战情境中的技术、休闲消遣的技术？对学生来说才具有最大的价值和意义。

此外，针对学生的学习难点来确定学习内容。是缺态度和动机？还是缺方法与技巧？还是缺体能？体育教师只有将这些问题都考虑周全了、回答清楚了，才可能将那些最有价值、最切合学生实际的体育教学内容挑选出来，

---

① 季浏. 我国《普通高中体育与健康课程标准（2017 年版）》解读［J］. 体育科学，2018，38（2）：3－20.

使得教师的"教"与学生的"学"做到有的放矢。比如，为了达成培养学生体育兴趣的教学目标，在选择教学内容时，就必须要着重考虑学生的身心特点及其需要，精选那些乐群性好、情感释放自如、互动性强而动作技术复杂程度小、体能要求低、运动量适宜、运动安全度高的运动项目作为教学内容。

第二节　课中精细实践体育教学内容

"课中精细实践体育教学内容"，旨在帮助学生更好地掌握"课前精心预设的体育教学内容"，取得预期的关键学习成果，其实质是"使用什么教材、运用什么教法、创设什么样的情境"教授课前预设的体育教学内容的问题。主要包括作为体育教学内容承载体的多样化体育教材筛选，面向全体学生又兼顾个体差异的体育教学内容呈现方式方法，以及为促进学生体验学习兴趣和效果而需要创设高质量的体育教学活动等重要内容。

具体来说，教学的根本目的是育人，其本质在于促进学生的积极、持久的正向改变。凡是不以学生的积极、持久、正向改变为目的的教学可以视为"伪教学"。这就需要教会学生运用"已知""已会"的知识去恰当地应对"未知"的新事物、新情境以及充满不确定性的未来。而学生能否真正掌握预期的体育教学内容，取决于学生是否能够有效审辨到体育教学内容的关键特征。

由于体育教学内容存在不同的重要特征，当学生首次面对体育教学内容时，其所有特征会同时呈现在学生面前，从而使学生无法聚焦于某个特定的关键特征上，也无法以特定的观点来了解事务。因此，仅依靠学生的知识积累、经验认知、主观能动性等，使其成功审辨到体育教学内容的关键特征的可能性较小，而且往往是低效甚至无效的。这就需要体育教师充分利用变易学习理论的知识，在教学之前针对学生存在的学习困难与挑战，精心设计体育教学内容，并通过创设变易图式，帮助学生把注意力聚焦到体育教学内容的关键特征上，进而提高学生掌握教学内容的质量和效率，从根本上改变以往形式化、碎片化、浅表性、低效性的教学顽疾。

一、确立体育教学内容的关键特征

调查研究表明，体育课教学中常常出现教师的言语失范现象，如"你的动作怎么做得那么难看，X 的动作也比你的好看""这么简单的动作你都不会做，你还有什么用""你怎么这么笨?! 就你这脑子，我看是永远学不会了""你真笨，笨得像XX"等①，试问学生"学不会、学不懂、学不乐"，真的是因为学生很笨或是因为学生的力量、速度、耐力、柔韧等这些身体素质不好造成的? 实则不然，在教学实践中一些学生的身体条件就很好，但动作就是做不对，运动感觉就是不好②，原因又作何解?

变易学习理论认为，"学习"意味着发展学生看待事物或对象的一种方式，而这种方式的建立又取决于学习者能否以新的或有意义的方式成功审辨并把握到关键的学习内容以及具体学习内容的关键特征。③ 因此，在体育课堂上，造成学生"学不会、学不懂、学不乐"的主要原因很可能并不是因为学生"天生愚钝不可教也"或由于学生的身体条件差、体育知识薄弱、运动技能水平低下，也不是由于体育教师的教学方法不够先进、教学策略失当，而很可能是因为④：①学生对体育教师所教内容的既有的直观、感性认识影响了他们重新审视该学习内容；②学生未能把注意力集中到体育教师以特定

---

① 孙利红. 体育教师课堂语言失范的表现、成因及矫正［J］. 教育理论与实践，2012，32（5）：34－35.

② 王涛. 体育课程与教学的理论和实践：北京师范大学贾齐教授访谈录［J］. 体育与科学，2014，35（2）：39－43.

③ 李艳莹. 运用变异理论促进学习更好发生的路径探析：基于北京市海淀区变异教学改革实验［J］. 中国教育学刊，2014（10）：68.

④ 卢敏玲. 变易理论和优化课堂教学［M］. 合肥：安徽教育出版社，2011：204－205.

方式呈现的预期学习内容的所有关键特征及其相互联系上；③学生没有接触过适当的、可以帮助他们学习这一内容的基本学习经验或基础知识等。

因此，为了能让学生成功审辨到学习内容的关键特征，帮助学生解决在学习过程中遭遇到的困难和障碍，更好地理解、掌握学习内容，那么，体育教师在精挑细选出最有价值、最适切的体育教学内容后，应充分利用自己的专业知识、学科知识、教学经验以及与同事的交流沟通、教学研讨、经验分享、支持协助等，通过课前学生访谈、运动技能测试、体育知识问卷调查、课堂随机观察等形式尽可能地了解、掌握学生已有的体育知识、身体条件、运动技能以及个性特征、学习风格等，分析、诊断可能造成学生学习困难和障碍的潜在因素，从而进一步明晰、调整、确认该教学内容的关键特征。下面结合一位公共体育街舞（Hip-Hop）选项课 A 教师的教学案例来进行说明。

在经过街舞动作小组合教学后，A 教师发现一个始终不能得到解决的问题：一旦让学生跟随 Hip-Hop 音乐进行完整练习时，学生往往会手忙脚乱，表现为动作变形、姿态不美观、节奏混乱。然而，将伴奏的音乐换成口令后，要求学生进行同样的练习，上述手忙脚乱的不良情景也随之消失。鉴于"音乐是舞蹈的灵魂"，倘若不能成功克服上述问题，那么就很难说"学生很好地学会、掌握了该教学内容"。

基于教学内容关键特征的界定，A 教师运用自己的教学知识，并在教学团队的协助下，判断作为内蕴的教学内容——音乐是导致上述不良情况发生的关键要素。结合音乐学的专业知识，进而明晰音乐的速度（即音乐进行的快慢）、节拍（指强拍和弱拍的组合规律）、风格（如说唱型）等①又是影响音乐得以体验、理解和表达的关键要素。而其中的音乐速度则是现阶段学生学习、辨识、理解、掌握健身街舞教学内容的关键之处，即理解、掌握教学内容的关键特征。

---

① 李重光. 音乐理论基础 [M]. 北京：人民音乐出版社，2001：147–175.

基于上述判断，A 教师拟采取音乐强化适应训练，即选取的 Hip-Hop 练习音乐除了速度不同（要求急速、快速、中速、慢速各占一定比例）外，其他关键要素均保持不变，目的就在于凸显街舞音乐在速度这个关键特征上的变易（C_2V_2A）。经过一定数量的不同速度音乐伴奏下的强化适应练习后，教学现场表演或展示表明，绝大部分学生能够很好地将街舞动作与音乐比较完美地融合在一起，从而给人以赏心悦目之感。究其原因就在于，A 教师重新审视、认识了学生及其学习，并准确而合理地确定了该阶段教学内容的关键特征，从而实现了帮助、引导学生成功审辨到学习内容的关键特征，进而很好地解决了学生在体育学习过程中遭遇到的困难和障碍，最终达到更好地理解、掌握学习内容的目的。

二、设计体育教学内容的呈现图式

现代体育教学研究与实践探索表明，科学、充分且有效地呈现体育教学内容是体育课教学的有机组成内容，有助于学生优质、高效地掌握体育相关的重要知识、核心技能，取得预期的体育教学目标。因此，追求教学卓越的高效能体育教师，也会在尊重教育教学规律、学生身心健康发展的规律和条件的基础上，致力于通过科学系统化的体育教学设计，精心地向学生提供必要的学习机会、教学"脚手架"，以更好地满足不同基础、兴趣和风格的学生全面而个性化地发展的需求，最大化发掘每一位学生自身的潜能，提升其学习的整体效益。

尽管运动技术的精熟掌握，需要一定强度和数量的身体刻意练习为前提，但是，这并不意味着学习就能在一成不变的简单重复中，"自然而然"地达到对体育教学内容的理解和掌握。当前，在教学实践中对体育教学内容的处理往往较为注重照葫芦画瓢式的机械模仿、强调重复练习的次数和运动强度，盲目性、简化化和随意性等倾向较为突出，造成体育教学内容"枯燥单一"

"教不深""教不透""蜻蜓点水""低级重复",体育教师"只管教不管会""教到哪儿算哪儿",学生"学不会、学不懂、学不乐"等现象比较严重[①],极大地影响了体育教学的科学性、针对性、合理性和有效性。那么,该如何科学而合理地对待和处理体育教学内容?

变易学习理论启示我们,倘若学生没有机会成功审辨到体育教学内容的关键特征,而只是单纯地秉承"苦行僧式""熟能生巧"的信念,依靠机械、简单、大量、高强度的重复练习,只会造成"教师教得辛苦,学生学得痛苦",而实际教学效果却难以彰显,甚至是产生了负效果。因此,在确定了最有价值、最适切的体育教学内容及其相对应的关键特征之后,体育教师就应设计适切的变易图式(C_2V_2P),通过实施复合反馈[②](指将体育技能学习划分为引导观察、练习模仿、自我监控引导和自我调节 4 个不同阶段,并根据不同阶段特征,给予不同反馈形式和内容,以充分发挥教师教的主导作用和学生学的主动性,实现内、外反馈的有机统一),以引导、帮助学生尽可能地聚焦于并成功审辨到体育教学内容的某项或某些关键特征,以促使学生更有效地理解并掌握体育教学内容。

一方面,体育教师应明晰学生对该教学内容的不同理解(C_2V_2S),同时将自己以及其他教师对该教学内容的不同理解、处理方式(C_2V_2T)相结合,把体育教学聚焦到学生的学习内容上,明晰学习内容在关键特征上的变易(C_2V_2A),在此基础上科学确定变易其某项关键特征,或同步变易其某些关键特征而又保持其他关键特征不变,在此基础上进而设计适切的变易图式(C_2V_2P),以凸显体育教学内容的重点与难点。

另一方面,体育教师还应基于自己的专业知识储备、教学经验积累、执

---

① 毛振明,毛振钢.体育教学内容改革与新体育运动项目 [M]. 北京:北京体育大学出版社,2002:22 – 36.

② 王海燕、杨斌胜、赖勤.复合反馈对普通高校体育教学影响的实证研究 [J]. 北京体育大学学报,2015,38(4):90 – 97.

教理念与风格、教育教学价值观念、教学环境等进一步决定采取何种最佳教学策略来呈现变易图式（C_2V_2P），以使学生能够成功审辨到这些关键特征，最终帮助学生准确而有效地理解、掌握该教学内容，克服学习过程中可能存在的困难或障碍，促使学生的学习由"不可能"变成"可能"，最终达到预期的教学效果。

例如，为了提高学生定点投篮的准确率，使学生对抽象的数字（距离）获得真切的体验和感受不仅必要而且尤为重要。为此，体育教师可要求学生保持投篮动作、规则以及场地不变，只改变投篮的距离，如设计并变换 2 米、2.5 米、3 米三种距离的定点投篮，经过一定数量的练习后，从而使学生获得对同一教学内容（定点投篮）的不同距离要求的真切体验和动作"感觉"，达到提高投篮准确率的教学目标（见表 5-2）。

表 5-2   "篮球投篮"之变易图式

不变	变	审辨
篮球投篮	①定点投篮 ②无人防守下的投篮 ③有人防守下的变向运球	目的在于使学生成功审辨到"投篮"运动技术在不同运动情境下的变化

又如，在健美操教学中，为了解决学生动作掌握与音乐不合拍的问题，可有针对性地选择三种不同节奏的音乐——快速、中速和慢速，通过要求学生的动作技术组合不变，与三种不同节奏的音乐反复、交替地配合练习，教学实践证明，其教学效果明显优于单首音乐与动作技术组合的反复配合练习的效果，能够有效解决学生动作掌握与音乐不合拍的问题。上述两例实际就是应用变易图式（C_2V_2P）中的对比类型实现学生更有效学习的成功范例。

体育教师在运动技能教学时要考虑难度和迁移的问题。如果情境或背景同练习运动技能的背景或情境越相似，则技能就越可能被正确使用。然而，知道如何运用一项技能并不能保证一个人懂得在什么时间该用。而要使学生知道何时运用这些技能并能够在不同背景下灵活地运用它们，就需要变换练习的情境或条件。定点投篮、移动投篮和有人防守下投篮。

三、创设有效有趣的体育教学活动

（一）高质量体育教学活动的关键特征

由于学生之间客观存在着不同的差异，表现出差异化的学习个性。比如，有些学生天性好动，具有较强的运动和模仿能力；有些学生善于观察，注重思考动作技术的细节；有些学生开朗，善于与人沟通、交流。那么，究竟什么样的学习活动才能面向全体学生，更好地促进学生充分而高效地掌握课前预设的体育教学内容？回答这个核心问题是创设高质量体育教学活动的前提和基础。

通过对体育课教学活动的实证调研，我们从中发现：

（1）体育教学活动是一座"桥"，一端联结着体育教师的预期体育教学目标，一端链接着体育教学结束后学生的关键学习成果，是体育课堂教学环境中诸要素交互作用的载体、平台。这就提示我们，体育教学活动既不能为活动而活动，变成纯粹学生玩乐、游戏、消遣的过程，却忘却了预期的体育教学目标，也不能只顾体育教学活动的开展，却不问学生通过体育教学活动最后究竟取得了什么关键学习成果。

（2）"有趣"和"有效"是衡量或判断高质量体育课堂教学活动的两个核心维度。所谓"有趣"，主要是指体育课堂教学活动能够带给学生甚至是观课、评课的人一些积极的情绪体验，如愉快、开心、高兴、激动、兴奋等，与枯燥、单调、乏味、机械、呆板等消极的情绪相对应。从理论分析上看，体育课堂教学活动的"有趣性"越高，就越能够激发学生参与投入课堂学习的积极性、主动性和自觉性，这也就为实现学生的有效学习提供了有利的条件和可能。著名心理学家阿·尼·列昂捷夫提出"从动机走向目的"的心理学理论，旨在说明"先激发学生的兴趣，由兴趣而形成动机，然后由动机的激励而指向动作的目的"。① 从实践中看，无论是体育教学名师的教学示范课，还是全国性推荐、评选的优质课，"有趣"的体育课堂教学活动是这些优质体育课的一个共同的显著特征。因此，"有趣"可以作为衡量或判断高质量体育课堂教学活动的一个重要核心维度。体育课教学的有趣性因素包括但不限于游戏、竞赛、表演、分享、模拟等。

所谓的"有效"，主要是针对体育课堂教学活动中学生的学习表现和学习成就而言的，即学生的学习表现能够作为证明其达到课前预设教学目标的证据，学生的学习成就则应符合或满足课前预设教学目标所期望的知识、技能、情意等关键学习成果。一般具备以下主要特征②：①以清晰而有价值的目标为指向；②提供了示范与反馈；③学生理解了学习任务和目的；④公开明确的评价标准和模式，允许学生及时掌握自己的学习进度；⑤学生的经验和课堂外的世界相联系，认识具有直观性和真实性；⑥在反馈的基础上创造机会进行自我评价和自我调整。因此，可以说"有效性"是衡量或判断高质量体育课堂教学活动的一个根本性的核心维度。

基于对体育课堂教学活动"有效性""有趣性"二维度的分析，我们以"有效性"作为纵坐标、"有趣性"作为横坐标，建立了体育课堂教学活动分析的二维四象限模型（见图5-1），并提出四种不同但有内在关联的体育课堂教学活动类型，即A型有效又有趣、B型有效但无趣、C型无效但有趣、D型无效又无趣。

（1）D型，无趣又无效。这种体育课堂教学活动既无法满足于学生的心理情感发展的需求，也无助于学生对体育教学内容的掌握，显然应得到禁止

---

① 杨小明. 高中体育专项化教学改革的理论与实践探索［J］. 西安体育学院学报，2019，36（3）：364-368.

② 何晔，盛群力. 为促进理解而教：掌握逆向设计［J］. 高校教育管理，2007，1（2）：21-26.

或重新进行设计。

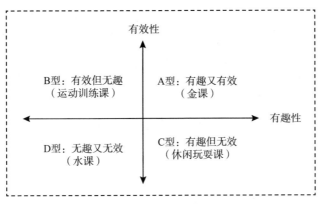

图 5 – 1　体育课堂教学活动分析的二维四象限模型

（2）C 型，有趣但无效。这种体育课教学活动往往会造成一种假象，即"看似学生都在热烈学习，但实际上学生确是在漫无目的地玩耍"，显然是将体育课教学混同于消遣、休闲、娱乐或放松，背离了体育课教学目标的指向性和体育教学内容的规定性，无法确保学生获得预期的关键学习成果。这就要求体育教师树立体育教学活动服务于体育教学目标的观念，以体育教学目标为中心、以学生更加高效地学习预设的体育教学内容为原则，科学设计体育课堂教学活动，确保其有趣且有效。

（3）B 型，有效但无趣。虽然这种体育教学活动能够达成预设的体育教学目标，但是趣味性不足，无法充分调动学生学习的积极性和参与性。比如，传统的以发展体适能为取向的体育课教学，注重体适能的大强度、大负荷训练、测试，虽然对增进学生体能发展具有重要的作用，但是通常活动形式单调、枯燥、无法引起学生的学习兴趣和参与，这往往会导致学生获得一种不愉快甚至痛苦的体育课学习经验，进而产生一些不良的后果。这就需要体育教师重点提升其趣味性，采用更加丰富多元的教学手段、策略，以吸引学生的注意力和参与性。

（4）A型，有趣又有效。这种体育教学活动也会造成一种假象，即"看似学生都在玩耍，但实际上学生都在学习"，恰恰与"C型，有趣但无效"相反。显然，这是一种高质量的体育教学活动，因此，应成为一线体育教师教学活动设计或开展的理想形态。

由于体育课堂教学活动是一项高度复杂的教学设计要素，人们对其的认识和理解难免会产生偏差或误区。比如，"听评课"校本教研活动中，针对同一教学活动经常表现为各种不同观点的交锋与碰撞，观点之间的差异，有时候甚至会出现截然相反的观点。[①]

比如，有评课者认为"教学活动新颖，学生参与积极性高，整个活动过程气氛热烈、欢快、和谐……"，从而表达出赞赏、肯定的态度；而有的评课者却认为，"该教学活动华而不实，错把课堂教学变舞台表演，课堂教学氛围闹哄哄，看不出教师设计该教学活动究竟要学生从中学习什么知识、技能……"，进而表达出否定、批评的态度。

为何会出现两种截然不同的观点？从体育课堂教学活动分析的二维四象限模型来看，直观地反映了高质量体育教学活动的两大核心特征（有效性和有趣性）和四种典型的型态（A型有效又有趣、B型有效但无趣、C型无效但有趣、D型无效又无趣），能够为学界特别是一线体育教师更好地认识、理解、分析、评判和改进体育教学活动设计与实施，提供一个有效的理论分析框架和实践指引。

（二）创设有效又有趣的高质量体育教学活动

高质量的体育教学的关键在于有效地组织学生进行体育学习活动。既然明确了一种能够称为"好"的或高质量的体育教学活动标准，那么，对于一线体育教师来说，又该如何才能创设有趣又有效的高质量体育教学活动？需

---

① 丁道勇. 评课中的视角差异及其重构［J］. 上海教育科研, 2012（5）: 14–17, 9.

要考虑哪些重要而相关的因素？遵循哪些原则？以及体育教师自身承担哪些责任和任务？为科学回答以上问题，格兰特·威金斯、杰伊·麦克泰格提出的"WHERETO"7 个创设要点可以作为一线体育教师创设有效又有趣高质量体育教学活动的基本遵循（见表 5 - 3）。

表 5 - 3 **"WHERETO"的内涵说明**

WHERETO	关键词	内涵解析
W	方向、原因 （where/what/why）	确保学生明确知道学习的方向和目标是什么（where、what），学生学习课程内容的缘由及对学生的直接或潜在价值（why），以及所学课程内容的阶段性目标、实作表现、测试评价的要求和标准是什么（what）
H	吸引（hook） 维持（hold）	从学习一开始就吸引（hook）学生的兴趣；并力求在整个教学过程中维持（hold）其注意力
E	准备（equip） 探索（explore） 体验（experience） 增能（enable）	教学活动要为学生提供探索、体验大概念的适当机会，以使其具备必要的经验、知识、技术、技能以做好准备（equip），达成学业表现的目标
R	反思（reflect） 重新考虑（rethink） 修改（revise）	提供学生多样的机会，以根据及时的有效的反馈，重新思考（rethink）"大概念"（Big Ideas），反省、修正、改善（revise）他们的学习成果
E	评价（evaluate）	为学生评价（evaluate）自己的学习进步与成效创造机会
T	因材施教（tailored）	针对学生的兴趣、天赋、学习风格、发展需求等因材施教（tailored），弹性化地设计教学活动
O	组织（organize）	为提升学生持久地深度理解学习内容，取得最佳学习效果而组织教学

资料来源：格兰特·威金斯，杰伊·麦克泰格．追求理解的教学设计（第 2 版）［M］．闫寒冰，宋雪莲，赖平，译．上海：华东师范大学出版社，2017：228 - 229.

1. 字母"W"（where/what/why）

字母"W"代表"方向""目标"和"原因"。该要素提示教师在设计教学活动时应该着重考虑：学生来自何处？学生具有哪些先前的经验、知识、兴趣、学习风格、才能？学生对于学习的新知可能存在哪些错误的观念？换言之，需要教师确认学生是否明确学习的具体内容（"大概念"、核心问题）和细节要求（任务、测试、评价标准等）。

换言之，要求体育教师在教学活动结束时，能够明确地回答以下主要问题：①我必须获得的理解是什么，涉及哪些知识和技能？②我要履行哪些学习责任，掌握哪些知识、技能、任务、问题，才能充分证明我的理解程度和熟练度？③有哪些支持学习和动作表现的资源是我可以获得和利用的？④为达成最终的学习目标，需要创设什么样的学习任务？⑤我需要学习的新知识包含哪些最为重要的知识和技能，与我之前的旧知识存在什么关联？⑥我应该如何分配学习时间，我应该先做什么后做什么？在任务解决过程中，我应该注意什么？⑦学习结束后，如何进行评价？如何确立评价的标准？概括起来，这些问题可归纳为目标、期望、价值、诊断四个关键要素。

这也就提醒一线体育教师在进行体育教学活动设计时，应着重思考并回答字母"W"涉及的体育教学目标、预期关键学习成果、体育教学内容价值和学情分析四个核心要素，以及每个核心要素又涉及的若干关联重要问题（见表5-4），使自己"教"得明白。唯此，才能真正促进学生的发展，将"学生发展为中心"的理念落到实处。

表5-4　　　　　　　　字母"W"涉及的要素及其核心问题

核心要素	体育教学目标	预期关键学习成果	体育教学内容	学情分析
关联问题	①学生学习预期的体育教学内容的指向是什么？②学生学习预期的体育教学内容的具体目标是什么？涉及哪些任务？	①学生学习预期的体育教学内容后将获得哪些关键学习成果？②学生预期获得的关键学习成果的具体表现是什么？③评判学生预期获得的关键学习成果的要求和指标是什么？	①预期学生学习的体育教学内容包含哪些？②为什么预期的体育教学内容是值得学生学习的？③预期的体育教学内容将如何帮助学生更好地因应未来的生活与挑战？	①学生学习预期的体育教学内容需要具备哪些经验、知识、技能、资源？②学生已经具有哪些经验、知识、技能、兴趣、风格、意愿、需求？③学生学习预期的体育教学内容可能面临着哪些障碍或挑战？

然而，科学、准确地回答上述问题，对于一线体育教师而言却并不是一件容易的事。不过，"KWL"三维诊断工具（见表5-5），是美国一个被广泛使用且被证明十分有效的学情诊断分析工具，值得一线体育教师重点学习、借鉴和应用。其中，字母"K"代表的是 know，意思是已经知道的知识；字母"W"代表的是 want，意即想要进一步学习的未知知识；字母"L"代表的是 learn，意思是已经学到的新知识。

表5-5   "KWL"表格用法示例

教学内容	已经知道的知识（K）	想要学的知识（W）	学到的知识（L）
XX 主题	①…… ②…… ③…… ……	①…… ②…… ③…… ……	①…… ②…… ③…… ……

课前的备课阶段，"KWL"三维诊断工具对于一线体育教师而言是一个十分有用的工具，其可以为筛选、优化体育单元学习内容提供科学的决策依据。具体而言，"KWL"三维诊断工具主要聚焦三个核心问题[①]：

（1）学生对这个教学内容主题知道多少？即教师要学生找出并填写关于该教学内容主题已知（或认为已知）的事项。该问题可以帮助教师了解全体学生对于该教学内容主题的学习经验和先备知识与技能，以及学生可能存在及需要正视困惑、盲点和纠正的错误观念，进而设计引导学生深入学习和讨论的教学策略。

（2）学生对于这个教学内容主题想要再学习些什么？即教师要学生找出关于该教学内容主题他们可能想要学习的事项，以及提出关于该教学内容主题的问题，并将这些答案记录在表格上，以作为教学内容范围扩展的依据。

---

① 陈怡倩. 课程设计：统整课程设计的思维与趋势［M］. 台北：洪叶文化出版社，2016：39 -43.

该问题有助于教师了解学生关于教学内容主题的兴趣点和期待内容，以便做出设计上的因应。这两个问题，提示教师应谨慎考虑针对教学内容主题可以加强学习或是增加学习内容，并且加以整理编排整合，所教授的内容也必须适切学生的学习能力，有次序地反映学习主题。

（3）学生经过这个教学内容主题学习，最后学会了什么？即随着学习主题的开展，所收集的学习大概念和事项被记录在表格中的 L 栏，以提供关键学习事项的记录。该问题类似教学评价的环节，除了能够带领学生温习刚获取的新知识之外，更重要的是有助于学生对是否有必要扩大这个学习主题进行自我反思。

另外，唐娜·奥格尔（Donna Ogle，2009）对"KWL"表格诊断法进一步延伸，提出了"KWL＋"表格诊断法，意即未来我们针对该学习主题还可以再学什么？该问题非常重要，可为学生提供一个自我反思与评价、抒发整理学习过程、经验和收获的机会，这对于学生内化所学以及教师改进日后的教学设计具有重要的价值。

综合来看，"KWL"三维诊断工具，一方面可以为体育教师与学生的双向沟通建立"桥梁"，帮助体育教师全面掌握学情，在此基础上才能进一步为满足学生对不同层次、不同类型、不同数量学习内容的诉求，奠定必要的基础和可能，也才能使体育教学真正做到有的放矢、因材施教、优质高效。另一方面，该方法也为学生激活旧知识，建立与学习新知识的关联提供了有效的自我诊断与反馈工具。此外，该方法可以确保体育教学过程中所组织的一切学习活动，都是沿着体育教师课前精心预设的体育教学目标的方向展开，而不至于偏离目标，沦为"为活动而活动"。换言之，学习活动的设计与实施应始终围绕利于学生有效地达成预期的体育教学目标而进行，预期的体育教学目标对其起着引领、规定的作用，二者具有内在的统一性。因此，追求教学卓越的一线体育教师应善加利用"KWL"三维诊断工具，以切实提高学生体育教学的效率和品质。

2. 字母"H"(hook/hold)

字母"H"代表"吸引"和"维持"。即在设计体育教学活动时,体育教师应考虑:①什么样的体育教学活动是有趣的?②学生可能对什么样的教学活动感兴趣?这也提示一线体育教师设计体育教学活动时,应通过创设一些切合学习主题、体验性、游戏性、互动性强的情境和任务,激发学生的学习参与度。研究结果表明,设计特定的学习情境可以使潜隐的学生体育核心素养内容显性化,是评价素养的手段。[①] 正所谓"兴趣是最好的老师"。来自心理学研究成果表明,"通过对所学事物的反复体验,有助于学生内在兴趣的激发和维持性发展"[②]。

一般来说,体育教师在设计体育教学活动时,可采用以下教学策略:①引入需要学生运用心智模式思考而不只是简单应用所学知识的问题、难题、挑战、情境或故事;②运用善于激发学生思考或兴趣的反常事物、特异事实、反直觉事件或概念、悬疑事件等;③设计单人性和团队性的学习任务,以通过学生的独立完成或参与协助团队完成学习任务获得丰富、深刻的体验;④使学习内容及其任务解决与学生的日常生活经验建立相应的联系,以提高学生的学习参与性和投入度;⑤提供关于学习主题或内容的不同看法或多元观点,以刺激学生的好奇心和深度思考。依据小学低年级学生的身心发展规律,在体育教学中通过体育器材的开发、运动规则的修改、运动技术分解、运动游戏的创编、教学支架的搭建、问题或任务情境的精心设计等手段,诱导、激发学生的运动兴趣和运动思考,帮助学生快速参与、深度体验,进而使学生在愉悦的学习氛围中更好地掌握学习内容。实证调查研究表明,上海

---

① 尚力沛,程传银. 基于学科核心素养的体育学习情境:创设、生成与评价 [J]. 沈阳体育学院学报,2019,38(2):78 – 85.

② Silvia P J. Interest and interests:the psychology of constructive capriciousness [J]. Review of General Psychology,2001(5):270 – 290.

的大中小学体育课程"三化"改革，即基础教育体育多样化、高中体育专项化、高校公体专业化，赢得了师生普遍的支持，取得较为显著的成效。①

3. 字母"E"（equip、explore、experience、enable）

字母"E"代表"准备、探索、体验、增能"。即在设计体育教学活动时，体育教师应思考以下问题：①哪些"大问题"和"大概念"是值得学生积极探索的；②哪些类型的知识、技能以及心智习性，是学生成功解决"大问题"和理解"大概念"所应具备的；③哪些类型的学习活动、任务或情境，能够发展和深化学生对"大概念"的理解；④体育教师应如何引入"大问题"；⑤体育教师应如何引导学生对"大概念"的学习和理解；⑥如何实现问题解决与知识建构的有机统一等。

为此，一线体育教师在设计体育教学活动时，应为学生进行深度学习提供必要的机会、任务、学习"脚手架"和及时的指导与反馈，以使学生积累联结且有意义的学习经验、知识和技能，获得持久性的深度理解，进而为达成学业表现的目标做好充分的准备。

通常来说，对于"事实之知"的体育教学策略，如关于篮球运动项目文化的概念内涵、演变历史、发展现况等属于事实性的知识，一般是以体育教师讲授、介绍为主，以学生课外阅读自学为辅。

对于"技能之知"的体育教学策略，体育教师一般采用动作示范法和讲解法，而学生在体育教师或同伴的协同与帮助、动作反馈与改进下进行刻意练习法。比如，游泳运动中的蛙泳动作技术教学，如果体育教师仅采用"事实之知"的体育教学策略，即通过讲解、介绍法呈现蛙泳动作技术的流程或步骤，学生注定是无法准确感知和深入理解的。因此，为了便于学生能够更快地建立完整、准确的动作技术形象，就需要体育教师进行亲自动作示范，

---

① 董翠香，苏银伟，杨秋颖."三化"理念下上海市基础教育体育课程教学改革的实证研究[J].体育教学，2018（12）：9–12.

或借助多种视听媒体直观具体地呈现给学生，以加速学生对动作的感知和理解。与此同时，为了帮助学生及时发现并改进自身的错误动作技术，为学生建立正确的动作技术，直至精熟地掌握该动作技术，那么，来自体育教师的及时、正确的反馈就显得尤为必要和重要。

而对于"规范之知"的体育教学策略，体育教师一般应首先运用个人思考与小组脑力激荡的方法，以发展学生的认知与分析能力。其次，可以采用"技能之知"的体育教学策略，如适宜强度和数量的刻意训练方法。最后，"规范之知"也涉及信念，因此还需要体育教师加强学生的情感教育，目的在于达到以情动人的教育目的。尤其是当前学校体育教学对于"规范之知"要么明知故弃，不理不睬，要么只是点缀式地依附于"技能之知"的教学过程中，要么是混淆知识类型，利用"事实之知"的方法去教授"规范之知"，缺乏用人格感召的身教方法。事实上，"规范"不仅涉及事实面，更涉及应然面，还有自愿面。常见的现象莫过于，学生知道尊重裁判的重要性，也知道体育竞赛应该尊重裁判，但是，知道并不意味着其就一定愿意或自觉、忠实地践行。因此，在学校开展竞技体育项目竞赛的过程中，出现挑衅、辱骂甚至是伤害裁判的过激行为也就不难解释。

4. 字母"R"（rethink/revise）

字母"R"表示"反思""改进"。即体育教师在设计体育教学活动时，为更好地促进学生的有效学习，应利用自身的教学经验和专业知识，善于帮助学生在充分综合分析自身学习基础、能力、兴趣、条件等实际情况的基础上，确立适合自身的学习目标和进度，并积极改进自己的学习行为习惯，必要时还可以补充、删减、替换预定的教学素材。通常可以采用"四问题导引反思法"。

第一问：引发学生回忆、整理其学习的整个过程。体育教育的特色就是透过学生实际的身体动作经验学习，然后引导他们进行反思，进而达到成长改变的教育目的。所以反思性学习的基础建立在学生的体验上，当学生不明白他的经验时，就有必要质疑其学习是否来自教学体验的过程，如果不是，显然就失去了学习活动开展的应有意义和价值。因此，协助学生厘清学习发展的过程和内容是非常重要的环节。为此，引导的方向：①全程学习中的，你对什么事项记忆或感触最深？②面对学习任务，你认为什么是重要的或关键的方面？你又是如何思考和进一步做决定的？③你有注意到其他同学在做什么事情吗？你如何看待其他同学的学习表现？④学习过程中，你是如何行动的？你是否借助了其他的辅助性工具？⑤你是如何利用时间的？⑥你是否会使用概念结构图将学习过程或动作过程描述下来，并讲述给同学听。

第二问：针对学习历程，引导学生具体谈谈学习感受。在第一问的基础上，基于学生在学习过程中的身体感官、动作行为的刺激，引导学生谈谈其在心理、情感等方面进一步所引发的体验、感受。比如：①是什么事项引发了你的这些感受？存在的可能原因有哪些？②被优先执行的事情，是因为其十分重要吗？还是因为其是紧迫的？或者说是不确定的，仅仅只是随机的而已？③学习过程中，你的感受是开心？焦虑？轻松？紧张？不安？激动？满足？为什么会产生这些感受？④你是否留意了其他同学的学习行为表现？你是怎么评价的？⑤你对体育教师设计的学习活动是否满意？为什么？⑥学习过程中你是如何参与的？⑦透过概念结构导图想表达的想法是什么？代表的意义是什么？

第三问：针对学生的学习感受，引导学生发掘其背后的意涵——这些学习感受意味着什么？为什么会产生这样的学习感受或者说是什么样的经历和经验让你产生了那样的学习感受？比如，教学过程中教师发现某位学生因在同学的帮助下终于成功解决了富有挑战性的复杂学习任务而非常感动时，那么教师就可以有针对性提出问题，如为何会这么感动？之前经历过什么？这种感觉对你意味着什么？可能会产生哪些影响？这些问题的目的在于激发学生思考。

第四问：那么，应该怎么办？在前四问的基础上，就需要进一步引导学生思考：既然事实已如此，那么我应该确立一个什么样的立场？态度？又该怎么办？比如，为了改善不利的方面，我可以做什么？我需要什么样的支持或帮助？为了达成预期的学习目标，如何建立学习共同体？如何化解学习共同体不同成员之间的矛盾与冲突？运用概念结构导图，表达此时的你的感想等，为什么会这样画？如果再重新来一遍也可以吗？

以健身街舞课程为例，体育教师可以通过以下问题引导学生反思学习过程：

体育教师问：在健身街舞课程学习的过程中，你最强烈的感受是什么？

学生答：心里知道动作怎么做，可是手脚不听使唤，完全跟不上音乐节奏。

体育教师问：为什么心里知道，却手脚跟不上节奏？

学生答：大概是不够熟练吧。

体育教师问：那应该怎么做？

学生答：喔，需要进一步地反复练习。

体育教师问：对，熟练才能生巧！能不能先练习上肢动作，再练习下肢动作，最后再结合一起来练习？

学生答：……

5. 字母"E"（evaluate）

字母"E"代表"评估"。即在设计体育教学活动时，体育教师需要思考：①如何指引学生进行自我认识、自我评价、自我调整？②学生如何投入最后的自我评价，以确认尚需要改进的问题、设定未来的目标，以及指向新的学习？③教师应如何帮助学生正确评价所学，以及哪些需要进一步地探究或修正？

上述问题也是传统体育教学活动设计最容易忽视的部分，因此，在设计体育教学活动时，一线体育教师应赋权学生，给予学生自我评价的机会，允许学生提供具有个人特色的学习成果及其形式。

6. 字母"T"（tailored）

字母"T"代表"因材施教"。即在设计教学活动时，体育教师需要思考以下两个主要的问题：①如何因材施教以适应多元学生不同的发展需求、学习风格、背景知识、经验、技能基础、兴趣？②如何科学设计面向全体学生又兼顾学生个体差异性的教学活动？

由于学生之间存在明显的个体差异性，这就需要一线体育教师在设计体育教学活动时，根据学生的学习需求、兴趣和能力为学生提供个性化的学习活动。为此，体育教师可以通过"KWL"表格诊断法，全面了解学生对知识或者重要内容的掌握程度和学习需求，以进行更有针对性的指导。一方面，在体育教学活动过程中，体育教师需要精心筛选教学材料和学习资源，拟定教学资源清单明细表，统筹运用自编教学材料、讲义，或统编的体育教科书，以及相关的重要图片、纪录片、道具、实物、图书、文献等多种教材资源。另一方面，体育教师采用的学习组织形式，应多样化，如全班学生一起学习、学生个体自主学习、学生以 5~6 人为小组进行探究合作学习等。同时灵活运用讲解法、示范法、竞赛法、表演法等多样化的体育教学法，以满足学生多元化、个性化的学习需求和学习风格，引导学生对学习内容获得深入理解，拓展、转化学生的学习经验。

在教学的过程中，对于掌握体育教学内容存在障碍或困难的一部分学生来说，一线体育教师应采用必要的学习支持策略。比如，源于建筑行业但广泛应用于教育领域的学习"脚手架"。具体到体育课教学领域，所谓的学习"脚手架"是指当学生在运用身体练习进行新的动作知识与技能学习时，为学生所提供的各种直接或间接性的学习支持，包括提供练习、展示的机会，及时有效的提示、鼓励、表扬等反馈信息，以及图标、录像、概念构图等有用的资源鼓励等，以帮助学生克服、化解学习上的障碍或阻力。值得注意的是，"脚手架"这种辅助学生学习的教学策略，只能是暂时性的，应当遵循"若无必要，应及时拆除"原则。

而对于学习基础好、能力突出的一部分学生，则应在确认他们已经掌握了体育教学内容的情况下，创设一些与体育课堂教学目标明确相关的高阶性、挑战性的活动，以充分满足和进一步激发该部分学生的学习需求，促进他们最大化地发展。比如，在篮球战术教学中，体育教师可以要求这部分学生不仅要知道、说明具体采用的是什么战术，而且还要求他们解释为什么采用该战术，是否还可以采用其他更佳的战术或组合战术，并进行检验等。

此外，当体育教学任务结束后，在不妨碍评价有效性和公平性的前提下，应允许一部分学生提供能够证明其达成学习目标的其他学习成果，如竞赛成绩证书、书面的研究报告、一部创作的作品等，以体现评价的灵活性和多样化。

7. 字母"O"（organized）

字母"O"代表"组织"。由于"大问题"的根本目的在于学习、理解和应用"大概念"，这本身就需要持续一定的时间和过程，涉及众多环节和内容的组织，如问题解决学习小组的建立及其维护、基于学生学习经验的问题群设计、学习内容的排列先后顺序、多个学习活动任务的安排顺序、师生之间的交流与互动、场地器材设施的调配等，这些都会对最终的体育培养效果产生重要的影响。为此，体育教学活动需要按照一定的秩序加以组织。

具体来说，体育教师在实际设计教学活动时，应重点考虑的问题主要有：①学习活动应该如何组织，以使学生在分析、解决"大问题"的过程中更好地理解和应用"大概念"，达成期望的学习成果？比如，是全班统一活动，还是分组活动，抑或是个人自主活动？如果三者均包含，那么三者的先后顺序又是什么样的？是基于什么依据做出那样的安排的？②根据期望的学习成果，什么样的顺序安排能够提供富有吸引力和高效的学习？③学习活动如何以合理的进度展开，以有利于新的学习内容和活动对学生而言是适切的、有价值的？④哪些学习经验最能发展和深化学生的理解，并将可能产生的错误观念减至最少？以及如何科学组织这些经验？⑤学习活动过程中师生之间又该如何互动？遵循什么样的原则？体育教师以什么样的形式向学生提供反馈？⑥学习活动结束后，学生应展示的学习成果包含哪些具体类型？如何安排学习成果展示的方式和顺序？

上述问题都需要体育教师在设计教学活动时重点考虑清楚，这在客观上也要求一线体育教师应主动转变传统的体育教材观，变"教教材"为"用教材教"，并根据实际的体育学习情境，合理安排体育教材资源与活动的先后顺序，以利于吸引学生的注意力和兴趣，使其专注于学习，进而提升学生持久地深度理解学习"大概念"及其统整的优质内容，取得最佳的学习效果。为了确保学生通过创设的体育教学活动能够获得预期的关键学习成果，体现二者的内在一致性，体育教师虽然不必机械地根据"WHERETO"的先后顺序进行体育教学活动的设计，但是，也应确保所创设的体育教学活动包含"WHERETO"中的若干要素。

第三节　课后精准测评体育教学内容

高质量的体育教学，不仅需要回答课前体育教学内容"教学什么"、课中体育教学内容"如何教学"两大核心问题，还需要在课后明确、具体地回答课中的体育教学内容"教学得如何"的根本问题。为此，应从学习输出层面，通过开展体育教学内容的课后测评，追问和确认学生通过课中"体育教学内容"的学习，是否取得了一些重要的学习成果，如学生在体育与健康知识维度上的增长、运动能力维度上的提升、体育锻炼意识与习惯维度上的增强、体育精神与体育品格维度上的塑造等，进而判断课前预期的体育教学目标的实现程度。

"评价设计，先于教学实施"①。传统的体育教学设计范式，是在完成"课前预设体育教学内容"后，就进行"课中实践体育教学内容"的组织设计，最后才是设计"课后测评体育教学内容"。本研究认为：在完成"课前预设体育教学内容"后，先行设计"课后测评体育教学内容"部分，以确定学生有效掌握课中体育教学内容后应表现出的"关键证据"及其测评标准，然后再进行"课中实践体育教学内容"的设计。这种逆向设计的优势在于，其关切的是学生经过课中体育教学内容学习后的"产品"输出，而不仅是体育教师教学中的"内容"输入，因而能够更加明确、具体地指引"课中实践体育教学内容"的设计，并使其与课前预期的体育教学目标及其内容保持内在的一致性和连贯性。

对于广大一线中小学体育教师来说，应重点从树立真实性的测评观念、确定可接受的测评证据、设计情境性的测评任务、制定合理性的测评标准四个方面着力。

一、树立真实性的测评观念

体育教学测评，既可以是对体育教学方案计划的测评，也可以是对方案实践效果的测评。而对体育教学方案实践效果的测评，旨在判断学生经过课中体育教学内容学习后，是否熟练掌握了核心知识和关键技能、是否能够很好解决体育"大问题"、是否深度理解了体育"大概念"，以及学生在行为习惯、品德情意等核心价值观方面的进步，进而判断是否达到了预期的体育教学目标。因而对体育教学方案实践效果的测评尤为重要。

---

① 朱伟强. 基于标准的课程设计：开发表现性评价［J］. 课程·教材·教法，2007，36（10）：43–48.

从体育教学之于学生体育核心素养发展价值的定位来看，其旨在引发学生真实而有意义地学习，进而促进学生体育核心素养的发展。即学生通过探索感兴趣、有价值的重要主题，在自主学习与合作探索中分析、解决真实情境中的"大问题"，从中获得学科内甚至是跨学科的核心知识、关键技能和核心价值观，进而实现学生体育核心素养的发展。因此，尽管体育教学可以采用多种测评类型，但不管采用何种测评形式，都应确保其能够真实地反映出学生体育核心素养发展的真实学习成就。换言之，学生体育核心素养教学测评需要树立真实性的体育教学测评观念。

所谓真实性的体育教学测评是指通过大量收集学生学习的证据，以真实、有说服力的资料反映学生的学习进步和具体收获[1]，以及学生体育核心素养发展的真实水平。其重视的是学生本身的进步程度，而非用一个人为设定的标准，将学生与学生进行比较。

真实性体育教学测评更适合于体育教学评价，主要依据在于：①体育教学中，学生的"学"相较于体育教师的"教"更为重要，原因在于"教了不等于就学了，更不意味着就学会了"。因此，重点放在对学生学习成果的测评方式上，要比把重点放在体育教师教了什么以及具体是如何教的测评方式来得更为实际和恰当。②体育课教学能够在真实情境里促进学生的学习进步。③真实性情境的学习方式也需要真实性测评给以评估，体育教学注重为学生的合作学习提供机会而非是学生个人的努力，其他的评价方式更多地倾向于学生各自独立完成的学习任务，而真实性测评将学生的合作学习也纳入测评的内容。④体育教学过程的重要性并不亚于学习成果，可以说二者同样重要。而真实性测评恰恰考虑到了学生呈现学习成果的过程和步骤，能够比较完整地呈现学生从一开始到结束的进步。因此，树立真实性体育教学测评观是真实测评学生体育核心素养学习效果的前提和基础。

---

① Ryan C D. Authentic Assessment [M]. Westminister, Calif: Teacher Created Materials, 1994.

二、确定可接受的测评证据

真实性体育教学测评，应重点测评学生经过体育教学内容学习后所取得的关键学习成果。主要涉及三个测评维度①：①作为学习成果构成方面的内容标准维度，是指"经过体育教学内容学习后，学生究竟新学会了什么"。比如，掌握了新的知识、技能，情意和品德得到了新的增益等。②作为学习成果体现方面的表现标准维度，是指"经过体育教学内容学习后，学生学会的新内容究竟达到了什么程度"。比如，运动技能方面，究竟是达到了初级、中级还是高级等。③作为学习成果评价方面的评价标准维度，是指"究竟是以什么样的形式或方式对上述内容标准和表现标准进行评价"。研究表明，学习证据因能够面向每一位学生，有意识地、整体性地收集学生的学习资料，并以适当且真实的方式来展现学生完整的学习过程以及学习的具体成果，从而成为确保测评真实性所采用的最主要方式"。②

作为体育教学测评的设计者、执行者，体育教师还需要进一步思考：①证明预期的体育教学目标已经实现，可能存在哪些可靠的证据？②假设学生的学习任务已经完成，那么就需要进一步回答：用来证明或判定体育教学目标的完成度，需要提供什么样的学习证据？意即需要明确提供的证据对体育教学目标达成的贡献度或支持度。③学习证据是否有效、可靠？比如，单手肩上投篮测试中，甲学生10次投中5次，乙学生10次投中3次，那么能否由此做出推断：甲学生比乙学生的单手肩上投篮掌握程度要好？这些核心问题都直接关系着学生体育核心素养教学测评结果的真实性，这也提示体育教师应确保教学测评的信度和效度，能够准确反映学生的实际学习情况，而不是让学生在教学测评中得以作弊或投机取巧。

---

① 辛涛，姜宇. 基于核心素养的基础教育评价改革 [J]. 中国教育学刊，2017（4）：12-15.
② 蔺新茂，毛振明. 体育教学内容论 [M]. 北京：北京体育大学出版社，2014.

所谓的"效度"，即有效性，是指测评结果能够真实或准确地反映事物本质的程度。由于任何测评都无法达到绝对的有效，表现的只是程度上的差异。比如，以 200 米短跑的成绩作为学习测评，这对于擅长短跑的学生来说，具有较好的效度。然而，对于那些擅长耐力运动的学生来说，他们的真实水平是无法通过 200 米短跑测评得出合理的推论的，此时就可以说，200 米短跑测评对擅长耐力运动的同学而言，其测评效度是较低的。

总的来说，"效度"关系体育教师从测评结果去推断学生的学习情况时所具有的信心，其并非"不是或就是"这么绝对，而是关乎程度。因此，从程度上可以将其划分为高效度、中效度和低效度。另外，"效度"是一个包含概念效度、内容效度、比较效度和结果效度的统一体。

（1）"概念效度"是指测评结果能够在多大程度上与预期的学习目标相吻合。由于体育课程学习、学生体育核心素养发展均涉及众多的知识体系、专门概念和术语，以及多种认知技能、操作表现性技能等，但是测评只能针对其中非常有限的部分内容进行。因此，为了更好地保障单元学习测评的概念效度，体育教师除了应掌握被测概念的正确含义外，还需要明确学生的学习目标（即学生需要具备的一系列预期要求的显性知识、技能、行为、习惯以及情感、价值观），唯此才能对学生的体育学习情况进行有效的测评。判断概念效度时需要思考：是否可以根据测评结果推断学生某一阶段的学习情况？为了提高概念效度，体育教师可以列举测评涉及的所有学习目标或预期成果，核实其是否与课程目标相一致。此外，还可以通过建立目标细化表，检查每一项是否准确反映了预期的学习成果。

（2）"内容效度"是指用以判断通过测评获得的样本在多大程度上反映了学生阶段性的学习成果，可以通过测评涉及的目标细化表来体现，以避免无关的内容出现在测评中。判断内容效度时需要思考：测评对学习目标进行的取样是否恰当？测评是否正确反映了不同学习目标之间的主次关系？为了提高内容效度，体育教师可以创建学习目标细化表，以确保获取合适的样本，避免学习目标过度取样或取样不足的情况发生。

（3）"比较效度"是指用于同一学习目标的不同测评，其所得结果之间的差异程度。判断比较效度时需要思考：是否可以通过其中的一个测评结果预测同一时期的另一测评结果？两次测评依据的数据是否真实地反映了学生的学习情况？为了提高比较效度，体育教师可以将自己设计的测评与其他的测评进行比较、判断。

（4）"结果效度"是指测评所得的结果与所期望的结果之间的匹配程度。由于测评结果总是会对学生产生积极或消极的影响，因此结果效度对于教和学都非常重要。判断结果效度时需要思考：测评的结果会对学生后续的学习造成什么样的影响？是否会产生一些无法预料的后果？为了提高结果效度，体育教师可以通过学习动机、态度、价值观、教学方式的改变、学习排名、家长的观点等方法来辨别和确认测评影响的正负效应。①

而所谓的"信度"即可靠性，体现的是学习测评结果的稳定性或可靠程度，是指在对学生的学习情况进行测评时，用来确保测评结果不受运气、系统误差、偏见甚至是作弊等影响的程度。如果体育教师能够将这些影响因素加以有效地控制，那么测评无疑也更加可靠。"信度"的关键在于测评中相对为零的误差量。其包含系统误差和随机误差。

所谓"系统误差"是指测评过程中因主观评分、作弊、测评题量不够、测评的难度偏高或偏低等某些因素引起，可能会对学生的测评成绩产生影响，但可以通过检查来发现并进行控制。而"随机误差"是指可能由感冒、马虎、学习环境噪声干扰等某些无法预测或控制的因素引发的误差，会对测评结果造成影响。事实上，无论是系统误差还是随机误差，都会影响体育教师判断测评成绩所反映的学生学习情况是否真实可靠。这就提示体育教师在设计教学测评时应尽力减少误差并控制误差。比如，用于学习测评的评分标准

① 克里斯托弗·R. 加赖斯. 学习评估教师手册：课程、教学、学习整合策略研究［M］. 荣榕，译. 南京：江苏凤凰教育出版社，2017：27 − 36.

是否尽可能地做到了客观、公平、公正？体育教师则可以进一步对评分程序和标准进行确认和说明，建立评分准则并进行必要的解释，以确保内在评分的信度和使用者之间的信度一致。①

当一个教学测评能够提供证据，让体育教师对学生的学习情况和体育核心素养发展程度进行合理的推测，并且这个教学测评还能区分真正认真学习的学生与那些不是真正学习而是混日子、投机取巧甚至作弊的学生，那么这样的教学测评就同时具备了效度和信度，可以称其为一个"好"的教学测评。因此，效度和信度既是设计体育课程教学测评的基本准则，也是评判其好坏的根本标准。

对于一线体育教师来说，在实际的教学测评设计和实践时，可以从两个方面来努力，以使其更加准确、可靠，对学生体育核心素养的教学测评也变得更有意义。

一方面，应确保用于学生体育核心素养教学测评的证据必须是真实的。具体反映在学生学习任务的真实和学生学习表现的真实。前者要求学习任务应能够激发学生运用所掌握的体育知识和技能去分析、解决较为复杂、深刻、富有价值的问题，而不是简单的、肤浅的、价值不大的问题。后者要求学生在学习任务解决过程中展现真实自我，进行创造性地运用所掌握的体育知识和技能，以使知识和技能发挥作用或增值，而不能是"复制"或"再现"体育教师所传授的知识或技能。

另一方面，应多渠道、多维度地搜集证据。由于预期的学习关键成果包含多项不同类型的内容，这就客观要求体育教师在收集有关证明学生学习效果的证据时，应善用多种正式或非正式的方式方法。如非正式观察法、面对面访谈法、口头提问法、学生自评法、同伴互评法、书面回答、技能测试、课堂测试、测试、复杂问题解决、新情境任务处理、竞赛法等。唯此，才能

---

① 克里斯托弗·R. 加赖斯. 学习评估教师手册：课程、教学、学习整合策略研究 [M]. 荣榕，译. 南京：江苏凤凰教育出版社，2017：37 – 44.

确保学生体育核心素养教学测评证据的全面性和测评结果的客观性、有效性。例如，针对学生是否真正理解了"适度的运动能够促进身心健康发展"这个学习目标，体育教师在设计教学测评时，就需要针对"理解"的不同内容维度确定可接受的证据类型及其标准，以有效判断学生是否真的理解了。

三、设计情境性的测评任务

体育教学的核心目标在于实现"以体育人"，促进学生核心素养的发展。判断的依据就在于：学生能够在运动的"情境"下，快速调取并灵活运用体育课上所习得的体育核心知识和关键能力，有效解决其所面临的重要问题或挑战性任务。所谓的"情境"是指"人为优化的环境，是富有教育内涵的生活空间和多维互动的心理场，也是情景交融的教育场域和理寓其中的靶向情境，具有主体性、建构性、系列性和开放性的特征"①。

因此，为准确测评学生体育核心素养的发展水平，体育教师需要精心创设情境性的体育教学测评任务或活动，以使学生充分展示其活用所学体育核心知识、关键技能及其行为价值观表现。一般而言，这些情境性的体育教学测评任务具有以下四个特征：①真实性。即体育教师设计的教学测评任务，应是对学生日常生活中需要解决的现实问题或具体情境中的任务的模拟或再现，而不是一个脱离学生现实生活的无关或虚假的问题或情境。②迁移性。即体育教师设计的教学测评任务，应重点考查学生应用其所学，成功解决问题的能力和水平，而不是测评学生究竟掌握了多少数量的知识。③挑战性。即体育教师设计的教学测评任务，应是真实的新情境下，有待学生解决的新问题或新任务，其本身具有一定的复杂性和难度，而非传统的"达标式""Copy 式"或"套路式"的考查内容或简单化方式。④连结性。即体育教师

---

① 王灿明. 情境：意涵、特征与建构：李吉林的情境观探析［J］. 教育研究，2020，41（9）：81-89.

设计的教学测评任务，应为学生在现实生活中运用、验证、反思、完善其所学知识、技能架起了连接的"桥梁"。

以水平三篮球课程中的"三步上篮"学习内容为例，体育教师可以设置以下五种情境性的教学测评任务：①定点拿球，起步上篮：设置标志筒，提示学生第一步接球起跳点，体育教师于标志筒上方将球举起，要求学生拿球，完成三步上篮动作。②接空中球，完成三步上篮动作：体育教师将球向标志筒的正上方抛起，要求学生接球完成动作。③接侧向传球，完成三步上篮动作：体育教师从侧向将球传往标志筒的正上方，要求学生完成接球上篮动作。④实战情境中接球完成三步上篮动作：撤除标志筒，体育教师根据实际情境，适时传球，要求学生完成接球起步上篮动作。⑤要求学生书面归纳以上四种情境下三步上篮的区别和联系，并向全班同学汇报、分享。那么，学生在逐一完成上述情境任务的过程中，体育教师就可以全面收集学生的真实学习表现证据用以教学测评。

设计情境性的体育教学测评任务，对于一线体育教师来说是一件极富有挑战性的事情，但是工具"GRASPS"——"涵盖目标（goal）、角色（role）、受众（audience）、情境（situation）、表现（performance）、标准（standard）六大核心要素"① 能够有效指引一线体育教师更好地设计出真实、有趣、有效的学习测评任务或项目（见表 5 - 6）。

表 5 - 6   "GRASPS"的内涵说明

要素	具体内涵
目标（goal）	在真实学习测评情境中，预期达成的目标。比如，学生能够在不漏杆、碰杆的情况下完成 15 米运球、绕杆、射门整套动作

① Wiggins G, McTighe J. Understanding by Design Professional Development Workbook［M］. Alexandria, VA：ASCD, 2004：170 - 176.

续表

要素	具体内涵
角色（role）	在真实学习测评情境中，学生应该处理的任务。比如，完成 15 米"运球、绕杆、射门"整套动作
观众（audience）	真实情境测评任务中的互动对象或相关者
情境（situation）	教师需要布置测评任务的情境与环境，并作出相应的解释
表现（performance）	学生在经历真实情境测评任务后所产出的成果
标准（standards）	评估学生真实情境测评任务完成情况的标准或依据，并向学生公布这些标准

四、制定合理性的测评标准

明确的教学测评标准和及时的学习评价反馈，对于体育教师而言，有助于及时诊断、反馈学生学习中的问题，进而对体育教学方案及其实施过程进行必要的补充、优化或修正。对于学生而言，学生可以对照教学测评标准，一方面明确自己学习努力的目标方向、任务重点以及合理规划学习时间，另一方面可以对自己的学习成果进行自评、诊断，以便于及时调整学习进度、改进学习中的问题和不足。因此，邀请学生参与体育教学测评标准的制订、完善，充分发挥体育教师和学生的协同效应，是确保所制定的学生体育核心素养教学测评标准有效、适切的应然选择，具有重要的意义和价值。

为确保制订的教学测评标准具有可靠的信度、效度，以提供学生必须知道、理解、会做的标准，体育教师应重点考虑两方面的内容：

一是针对学生学习成果包含的多种类型和维度，体育教师应选择其中重要的而不是容易操作或显而易见的部分作为教学测评标准[①]。例如，一位体育教师设计了 5 项教学测评内容，假设某位学生仅仅完成了其中的 2 项，那

---

① 封思颖. UBD 第二阶段：确立能证明实现了学习大目标的证据和标准 [J]. 上海教育，2018（14）：38 – 40.

么据此是否可以作出判断：这名学生学得不够好？并且还可以进一步追问：这是一个有效的判断吗？答案是"不一定"。原因在于，该生很可能是由于感冒等身体的原因，或者遭遇其他事件的影响，导致情绪低落、自信心受挫等不良状态，进而又影响到其在教学测评时的正常发挥。那么，在这些情况下，根据"2/5 的完成率"这个结果进行评价，显然就不能算得上是有效、合理的评价，这就客观要求体育教师应对学生做出全面、真实的具体评价。

二是体育教师应树立进行自我反思的意识，并自觉地进行自我追问，以提高体育教学内容学习评价的针对性和有效性。比如，在设计体育教学测评标准的任务后，体育教师则可以继续追问和思考：这些测评任务的必要性如何？充分性如何？是否具有充要性？如果这些追问的答案都是清晰的而不是模糊的，那么就可以完全避免"学生确实理解了，但由于其他事件的影响导致其在教学测评时表现不佳，进而被教师判定其没有真正理解"等误诊、错评的情况发生。

此外，由于学习是一个日益精进的知识积累、消化、掌握、应用的过程，不可能一蹴而成。对于发展中的学生来说，其身、心、灵的发展也不可能是同步、均衡的，总是表现为有些方面先发展一步，其他方面迟一些；有些方面发展较为明显突出，有些方面则相对潜隐无形；有些方面发展表现较为快速，而有些则较为缓慢。比如，婴幼儿的身体动作发展，总是遵循先会翻身，再会爬，接着是站立，然后是走，再后来是跑的动作发展秩序规律。又如，篮球运动项目竞赛规则中的"走步"违例，学生能够容易地背诵该违例的定义、裁判手势、判罚依据与尺度等知识性内容，测评学生是否掌握也只需一般的口头背诵、书面回答即可，但是在具体的实战篮球比赛中，对该违例做出准确、及时、有效的判断，则需要大量的长时间的实践练习与用心体悟。如判罚尺度的精准掌握等都是较为潜隐、缓慢的。这就提示体育教师在设计教学测评标准时，为了准确测评学生的学习表现，就不能面面俱到，既要有所测又要有所不测，既要重视终结性的测评又要重形成性的测评。为此，体育教师需要整合团队的智慧和力量，在全面调研的基础上，科学设计教学测评方案，细化测评方案的具体维度、内容和依据，并适时进行必要的优化、迭代，这些方面的努力都将有助于确立一个恰当、有效、好用、可靠的教学测评标准。

为了加深一线体育教师的理解，并能有效应用于体育教学测评设计中，下面以"3×3"篮球单元教学评价为例进行说明。假设预期的教学目标是：通过"3×3"篮球单元教学，使学生掌握能够在课外成功参与"3×3"篮球活动或比赛的知识和技能，那么按照上述三条内容可以开发如下教学测评量规[①]（见表5-7）。

表5-7　　　　　　　　　　　　3×3篮球单元教学测评量规

测评任务	测评证据	测评标准	权重（%）
1. 学生进行"3×3"半场篮球比赛 2. 比赛10分钟1小节 3. 裁判由学生担任 4. 体育教师确定组队及各组队员 5. 赛前学生自行做好准备活动 6. 由体育教师对学生在比赛中的表现进行评价	基本技术运用能力	学生比赛中能够有效地运用基本技术，如传球、接球、运球、投篮、防守等，并在比赛中有较少技术错误动作；学生能够稳定有效地在场上防守，并在有效防守的压力下能够有效地运用进攻技战术	40
		学生比赛中能够运用基本技术，如传球、接球、运球、投篮、防守等，但动作技术不够规范；学生能够有效地在场上防守，并在有效防守的压力下能够有效地运用进攻技战术，但表现不够稳定	30
		学生比赛中能够运用基本技术，如传球、接球、运球、投篮、防守等，但只能表现一些正确的动作，技术发挥缺乏有效性和稳定性	20
		学生比赛中试图完成动作，但不成熟，导致技术发挥不稳定，也缺乏有效性	10

① 多奈塔·考瑟伦，邓小芬. 中学体育教法学：终身学习：实用中学体育课程［M］. 北京：教育科学出版社，2016：124-126.

测评任务	测评证据	测评标准	权重（%）
1. 学生进行"3×3"半场篮球比赛 2. 比赛10分钟1小节 3. 裁判由学生担任 4. 体育教师确定组队及各组队员 5. 赛前学生自行做好准备活动 6. 由体育教师对学生在比赛中的表现进行评价	基本战术运用能力	学生比赛中能够稳定地有效运用战术打法，如传切上篮、掩护转身切入、快攻突破、人盯人或区域防守等，并知道自己应该如何移动、移动到什么位置；学生能够根据比赛进行的情况随机应变，在攻防转换中表现自如	40
		学生比赛中能够合理地运用攻防战术，如传切上篮、掩护转身切入、快攻突破、"人盯人"或区域防守等，并处理好与其他队员的关系，但在做战术决定的过程中不够果断	30
		学生比赛中能够运用一些攻防战术，但是很少对全队的攻防战术作出贡献；有时学生需要队友的提醒才能参与全队战术配合	20
		学生比赛中只能偶尔移动，运用基本战术不够稳定，学生不能为全队的攻防战术作出贡献	10
	比赛规则运用能力	学生比赛中能够自如地运用比赛术语、规则和惯例；当投篮得分时，学生能够准确地报出目前比赛分数	40
		学生比赛中能够正确地运用比赛术语、规则和惯例，但有时会出小错；当投篮得分时，学生能够准确地报出目前比赛分数	30
		学生比赛中表现出对比赛的术语、规则、惯例有一定的了解，但需要他人的提醒才能做到正确地运用和准确地报出目前比赛分数	20
		学生比赛中不能正确地运用比赛术语、规则和惯例，也不能准确地报出目前比赛分数，一直需要别人的提醒才能进行比赛	10
	体育品德表现能力	学生比赛中能够做到积极进取，尊重对手，公平竞争，有很好的自我控制能力，能够使比赛在友好、安全的条件下进行，比与队友合作默契，有组织领导能力，能够主动示意犯规，避免和化解比赛中的冲突等；学生能够接受自己和他人为比赛高水平发挥所提出的挑战	40
		学生比赛中表现积极，注重比赛安全，有良好的自我控制能力，尊重他人	30
		学生比赛中能够做到公平参赛，注重比赛安全，有良好的自我控制能力，尊重他人，但不能在比赛中始终做到全力以赴	20
		学生比赛中缺乏自控力，需经提醒才能做到安全比赛、公平竞争和尊重他人	10

作为终结性的学习评价方法，体育教师可以在学习开始时，就明确告知学生该"3×3"篮球单元教学测评量规，以使学生明确在学习结束时应该达到的具体要求以及自己未来应该努力学习的目标。体育教师也可以把学习评价量规的部分内容用于对学生的阶段性评价上，为学生最后的终结性评价做好准备。比如，可以用纸笔测试学生有关"3×3"篮球比赛术语、规则和惯例的知识，以帮助学生在比赛中运用，打好比赛。

第四节 本 章 小 结

本章针对主要的体育教学内容变易图式，提出体育教学内容优化设计的应变策略，旨在促进体育教师的有效"教"和学生的有效"学"，切实提高体育教学质量。

第一，课前，应精心预设体育教学内容。本研究认为：①高质量的体育教学，首先需要回答的是体育教学内容"教学什么"的问题。②而明确回答体育教学内容"教学什么"的问题，则又必须坚持体育教学目标统领，即以回答"为什么教（学）"的问题为先。③需要明确预期学习关键成果，即对学生经过体育教学内容学习后所取得的一些重要东西的一种描述，具体又可以从确立需要持久性理解的大概念、需要深度理解的核心问题、需要熟练掌握的关键知识和核心技能三方面进行。④明确预期关键学习成果后，体育教师就需要进一步回答用来支撑实现前者的体育教学内容"是什么"和"有多少"的问题，即精准匹配体育教学内容。

第二，课中，应精细实践体育教学内容。本研究认为：①精细实践课中的体育教学内容，旨在帮助学生更好地掌握"课前精心预设的体育教学内容"，取得预期的关键学习成果，其实质是"使用什么教材、运用什么教法、创设什么样的情境"教授课前预设的体育教学内容的问题。②精细实践课中的体育教学内容主要包括作为体育教学内容承载体的多样化体育教材筛选，面向全体学生又兼顾个体差异的体育教学内容呈现方式方法，以及为促进学生体验学习兴趣和效果而需要创设高质量的体育教学活动等内容。③高质量的体育教学的关键在于有效地组织学生进行体育学习活动。而"有趣"和"有效"是衡量或判断高质量体育课堂教学活动的两个核心维度。因此，创设有效又有趣的高质量体育教学活动，是实现学生高质量体育学习的关键。

第三，课后，应精准测评体育教学内容。本研究认为：①高质量的体育教学，不仅需要回答课前体育教学内容"教学什么"、课中体育教学内容"如何教学"两大核心问题，还需要在课后明确、具体地回答——课中的体育教学内容"教（学）得如何"的根本问题。②应从学习输出的层面，通过开展体育教学内容的课后测评，追问和确认学生通过课中"体育教学内容"的学习，是否取得了一些重要的学习成果，进而判断课前预期的体育教学目标的实现程度。③一线中小学体育教师可以重点从树立真实性的测评观念、确定可接受的测评证据、设计情境性的测评任务、制定合理性的测评标准四个方面着力。

| 第六章 |

研究结论与展望

第一节 研究结论

一、通过对体育教学内容相关核心概念的辨正分析发现

（1）体育课程内容、体育教学内容、体育教材内容三者之间具有辨正统一、相互依托的密切关系。①"体育课程内容"主要回答的是为了达成《体育与健康课程标准》中设定的体育课程目标而"理应或应该教学什么"的核心问题，其实质是体育课程目标的进一步转化和具化，属于

应然层次的概念。②"体育教材内容"主要回答的是为使学生更有效地掌握既定的体育课程内容，达成体育课程标准规定的课程目标，"或许可以用什么去教学体育课程内容"的核心问题，体现了"用教材教"而非"教教材"的深意，属于或然层次的概念。③"体育教学内容"则主要回答的是为了达成预期的体育教学目标，面对特定的体育教学环境和具体的体育教学对象，"实际上最好教学什么"和"实际上最好用什么去教学"的核心问题，属于实然层次的概念。

（2）为了实现高质量的体育教学，一线体育教师在体育课程与教学实践中应深度思考与持续追问三个层次的问题：①为了有效达成《体育与健康课程标准》中设定的体育课程目标，而"理应或应该教学什么"的核心问题，涉及体育课程标准中的体育课程目标内容化。②为了使学生更有效地掌握既定的体育课程内容，达成体育课程标准规定的课程目标，"或许可以用什么去教学体育课程内容"的核心问题，涉及应然层次的体育课程内容的教材化。③面对现实、特定的体育课堂教学环境和具体的教学对象，为了达成预期的体育课堂教学目标，"实际上最好教学什么"和"实际上最好用什么去教学"，涉及应然层次的体育课程内容和或然层次的体育教材内容的教学化。

二、对四种主流学习理论和变易学习理论的研究发现

（1）由于知识观的不同，引发了人们对学生及其学习内容、学习方法、学习内在机制等产生了新的认识和理解，形成了不同的学习理论。而不同的学习理论会对教学实践产生深刻而持久性的影响。目前，行为主义学习理论、认知主义学习理论、建构主义学习理论、脑科学学习理论等主流学习理论，都是基于对知识及人类学习的认识而产生，但各自所关注的维度、内容存在着侧重和差异。每种学习理论均具有二重性，既具有一定的先进性，也存在一定的局限性。在实际的教学实践中，需要秉持辩证唯物主义的态度对待。

（2）变易学习理论，以课堂教学为出发点和最终归宿，聚焦于课堂教学的核心要素——教学内容，其实质上是一套用以分析说明人们是怎样学习及如何才能更有效地学习的理论。研究表明，变易学习理论，不仅是一个能够用来深入分析、解释教与学的内容、机制及其学习成果的先进理论，而且是一个能够用来有效指导教师更好地教、促进学生更好地学的有效理论，还是一个能够切实提高教学质量和效率的实用理论。此外，变易学习理论对于拓展和深化学界对体育教学内容内涵、品性的学理认识，科学而有效地选择、设计、呈现最有价值、最适切的体育教学内容，进而促进学生的有效学习，实现高质量的体育教学，促进学生核心素养的发展等具有重要的认识论和方法论意义。

三、基于变易学习理论对体育教学内容变易图式的研究发现

（1）"变易"作为自然界、人类社会和思维领域中的一种普遍现象，是一个多层次、多维度的核心概念。"变易"是人类世界的一个永恒主题，意味着挑战与机遇并存，要求我们在不断变化的环境中找到自己的位置和方向，不断适应和引领变化，以实现个体和社会的持续发展。

（2）基于"变易"的内涵，可以将"体育教学内容变易"界定为体育教学内容在某些方面的变化、改变。深入理解"体育教学内容变易"，有助于优化体育教学内容设计与实施，切实提高体育教学的育人质量。

（3）历时性、共时性及其二者的有机整合是具体分析体育教学内容变易的三个不可或缺的重要视角，具有重要的认识论和方法论意义。基于"历时性"与"共时性"整合的分析视角，可以将体育教学内容变易的图式解构为三种主要的类型，即体育教学内容变易的课前预设之维、体育教学内容变易的课中实践之维和体育教学内容变易的课后测评之维。

其中，①体育教学内容变易的课前预设之维，是指在正式的体育课堂教

学前，体育教师、学生对课中教学或课后教会（学会）的体育教学内容的一种期待、定位、计划及其预先安排，是体育教师备课、学生向学的核心关切。具体可以从"体育教师"和"学生"两个维度进一步解析。②体育教学内容变易的课中实践之维，是指在正式的体育课教学过程中，体育教学内容在其自身构成要素，以及体育教师和学生两大主体分别对课中实践的体育教学内容在认知、理解、对待处理上所呈现诸多的变易。具体可以解构为四种类型：体育教学内容在关键特征上的变易；体育教学内容在教师处理上的变易；体育教学内容关键特征呈现图式上的变易；体育教学内容关键特征学生理解上的变易。③体育教学内容变易的课后测评之维，是指课后测评的体育教学内容之于体育教师和学生分别所呈现的变易，具体又可以从"体育教师"和"学生"两个维度划分为两种类型。

四、基于体育教学内容变易图式的应变策略研究发现

（1）课前，应精心预设体育教学内容。本研究认为：①高质量的体育教学，首先需要回答的是体育教学内容"教学什么"的问题。②而明确回答体育教学内容"教学什么"的问题，则又必须坚持体育教学目标统领，即以回答"为什么教（学）"的问题为先。③需要明确预期学习关键成果，即对学生经过体育教学内容学习后所取得的一些重要东西的一种描述，具体又可以从确立需要持久性理解的大概念、需要深度理解的核心问题、需要熟练掌握的关键知识和核心技能三方面进行。④明确预期关键学习成果后，体育教师就需要进一步回答用来支撑实现前者的体育教学内容"是什么"和"有多少"的问题，即精准匹配体育教学内容。

（2）课中，应精细实践体育教学内容。本研究认为：①精细实践课中的体育教学内容，旨在帮助学生更好地掌握"课前精心预设的体育教学内容"，取得预期的关键学习成果，其实质是"使用什么教材、运用什么教法、创设

什么样的情境"教授课前预设的体育教学内容的问题。②精细实践课中的体育教学内容主要包括作为体育教学内容承载体的多样化体育教材筛选，面向全体学生又兼顾个体差异的体育教学内容呈现方式方法，以及为促进学生体验学习兴趣和效果而需要创设高质量的体育教学活动等内容。③高质量的体育教学的关键在于有效地组织学生进行体育学习活动。而"有趣"和"有效"是衡量或判断高质量体育课堂教学活动的两个核心维度。因此，创设有效又有趣的高质量体育教学活动，是实现学生高质量体育学习的关键。

（3）课后，应精准测评体育教学内容。本研究认为：①高质量的体育教学，不仅需要回答课前体育教学内容"教学什么"、课中体育教学内容"如何教学"两大核心问题，还需要在课后明确、具体地回答——课中的体育教学内容"教（学）得如何"的根本问题。②应从学习输出的层面，通过开展体育教学内容的课后测评，追问和确认学生通过课中"体育教学内容"的学习，是否取得了一些重要的学习成果，进而判断课前预期的体育教学目标的实现程度。③一线中小学体育教师可以重点从树立真实性的测评观念、确定可接受的测评证据、设计情境性的测评任务、制定合理性的测评标准四个方面着力。

第二节　研究展望

体育教学内容是新时代构建现代化体育课程与教学体系的核心要素，直接决定着体育课程与教学"立德树人"的实际成效。当前，对体育教学内容的认知和实践还存在多重困惑、迷失和误区。在教育高质量发展的时代背景下，实现高质量的体育课程与教学育人效果，需要进一步加强体育教学内容研究的理论创新，推动体育教学内容认知的思维变革，构建现代化的体育教学内容体系。

而变易学习理论作为一种有效聚焦教学内容前沿教育理论，对于新时代创新体育教学内容的理论研究和实践探索均具有重要而独特的价值意蕴。未来需要从两方面来努力：

一是理论研究方面。既要重视和加强对变易学习理论的研究，科学把握其本质意涵、主要特色及其价值，也要积极、创新性地开展基于变易学习理论的体育教学内容本体论、认识论、价值论、方法论、实践论等研究，以期形成具有学术深度和实践指导性的新理论体系。

二是实践探索方面。在现代学习理论尤其是变易学习理论的科学指引下，既要不断地总结、继承和运用好长期以来体育教学内容实践探索取得的有效经验和规律，也要勇于解放思想、与时俱进地进行新探索，不断提升体育教学内容设计和实施的科学性、针对性和有效性，更好地赋能于高质量的体育教学育人。

参 考 文 献

[1] 柴娇. 我国中小学体育课堂教学设计的理论与实践研究 [D]. 北京: 北京体育大学博士学位论文, 2006: 61 - 63.

[2] 陈红兵. 创设有效的学习空间: 变异理论视野下的课堂教学 [J]. 教育学报, 2013, 9 (5): 52 - 59.

[3] 陈美如. 教师的课程理解探究 [J]. 台北教育大学学报, 2006, 19 (2): 55 - 82.

[4] 陈宁. 我国中小学体育教学内容选择的历史变迁路径与特征 [J]. 沈阳体育学院学报, 2013, 32 (2): 116 - 120.

[5] 陈怡倩. 课程设计: 统整课程设计的思维与趋势 [M]. 台北: 洪叶文化出版社, 2016.

[6] 程传银, 杨小帆, 刘雯雯. 新西兰"人体五种基本运动形式"的体育教学内容分类研究 [J]. 成都体育学院学报, 2015, 41 (1): 104 - 107, 113.

[7] 丛宁丽, 蒋徐万. 中、美、澳、英、日五国游泳教学内容和方法比较 [J]. 成都体育学院学报, 2000, 26 (3): 54 - 56.

[8] 崔允漷. 追问"学生学会了什么": 兼论三维目标 [J]. 教育研究, 2013, 34 (7): 98 - 104.

[9] 邓小勇, 王建华. 体育教学内容体系构建的理性思考 [J]. 体育与科学, 2004, 25 (3): 71 - 72, 76.

[10] 丁道勇. 评课中的视角差异及其重构 [J]. 上海教育科研, 2012 (5): 14 – 17, 9.

[11] 丁家永. 现代教育心理学 [M]. 广州: 广东高等教育出版社, 2004.

[12] 董翠香, 苏银伟, 杨秋颖. "三化" 理念下上海市基础教育体育课程教学改革的实证研究 [J]. 体育教学, 2018 (12): 9 – 12.

[13] 多奈塔·考瑟伦, 邓小芬. 中学体育教法学: 终身学习: 实用中学体育课程 [M]. 北京: 教育科学出版社, 2016.

[14] D. Q. 麦克伦尼. 简单的逻辑学 [M]. 赵明燕, 译. 北京: 中国人民大学出版社, 2007.

[15] 樊江波, 项亮宏, 刘坚. 从教学内容和教材的关系分析体育教学设计中存在的相关问题: 观第四届全国中小学体育教学展示课有感 [J]. 中国学校体育, 2011 (1): 20 – 21.

[16] 封思颖. UBD 第二阶段: 确立能证明实现了学习大目标的证据和标准 [J]. 上海教育, 2018 (14): 38 – 40.

[17] 冯红静, 陈波. 美国体育基本技术教学的内容与特点及其启示 [J]. 体育学刊, 2013, 20 (6): 88 – 90.

[18] 付晓蒙, 毛振明. 中小学体育与健康知识传授问题的调查研究 [J]. 武汉体育学院学报, 2015, 49 (7): 89 – 94.

[19] 付晓蒙, 毛振明. 中小学体育与健康知识教学内容体系的研究: 通过《中国大百科全书》分析探讨体育知识量 [J]. 首都体育学院学报, 2015, 27 (1): 50 – 54.

[20] Fograty R. 课程统整的十种方法 [M]. 单文经, 译. 台北: 学富文化事业有限公司, 2003.

[21] 高彩云, 吴忠义. 略论我国学校体育教学内容体系的重建: 兼谈 TROPS 运动的理论与实践 [J]. 北京体育大学学报, 2004, 27 (1): 92 – 94.

［22］高文. 20 世纪人类学习革命译丛［M］. 总序. 上海：华东师范大学出版社，2002.

［23］格兰特·威金斯，杰伊·麦克泰格. 追求理解的教学设计（第 2 版）［M］. 闫寒冰，宋雪莲，赖平，译. 上海：华东师范大学出版社，2017.

［24］葛丽华，丛湖平. 普通高校体育教学内容"主体项目结构"研究［J］. 中国体育科技，2003，39（11）：8－11.

［25］顾渊彦. 国家体育课程的校本开发之三：课程内容的教材化构建［J］. 中国学校体育，2009（12）：13－15.

［26］郭永贤. 课堂学习研究概论［M］. 合肥：安徽教育出版社，2011.

［27］郭昭佑，陈美如. 儿童的课程理解：以自然与生活科技学习领域为例［J］. 教育资料与研究，2013（109）：139－170.

［28］何晔，盛群力. 为促进理解而教：掌握逆向设计［J］. 高校教育管理，2007，1（2）：21－26.

［29］胡小清，唐炎，陈昂，等. 美国 SPEM 课程的特征及对我国小学体育教学的启示［J］. 体育学刊，2017，24（4）：78－83.

［30］黄甫全. 现代课程与教学论［M］. 北京：人民教育出版社，2011.

［31］黄甫全. 现代课程与教学论学程［M］. 北京：人民教育出版社，2006.

［32］季浏. 我国《普通高中体育与健康课程标准（2017 年版）》解读［J］. 体育科学，2018，38（2）：3－20.

［33］贾洪洲. "体育课程内容、体育教材内容、体育教学内容"内涵解析［J］. 体育教学，2017（3）：22－24.

［34］贾齐，李捷. 作为"关系"的体育课程内容：以"教什么"和"用什么教"为中心［J］. 体育与科学，2004，25（2）：71－74.

［35］贾齐，周田敬，谭惜春. 论体育学科教学内容的双重性特征及实践性意义［J］. 体育与科学，2000，21（4）：44－47.

[36] 贾齐, 朱姝, 李国红, 等 . 关于体育课程若干基本概念之指称对象的考察 [J]. 体育与科学, 2010, 31 (6): 89 – 92.

[37] 贾齐, 朱姝, 沈菁 . 对 "教材"、"内容" 和 "教学方法" 指称对象的深化讨论: 兼对 "对体育课程若干概念指称的再思考" 的质疑 [J]. 体育与科学, 2012, 33 (5): 99 – 103.

[38] 姜志明 . 美国学校体育教学内容体系研究 [J]. 运动, 2017 (3): 82 – 84.

[39] 姜志明 . 我国学校体育教学内容体系研究 [J]. 运动, 2017 (4): 9 – 10, 51.

[40] 克里斯托弗・R. 加赖斯 . 学习评估教师手册: 课程、教学、学习整合策略研究 [M]. 荣榕, 译 . 南京: 江苏凤凰教育出版社, 2017.

[41] 拉尔夫・泰勒 . 课程与教学的基本原理 [M]. 施良方, 译 . 北京: 人民教育出版社, 1994.

[42] 李芒, 徐晓东, 朱京曦 . 学与教的理论 [M]. 北京: 高等教育出版社, 2007.

[43] 李树英, 高宝玉 . 课堂学习研究实践手册 [M]. 合肥: 安徽教育出版社, 2011.

[44] 李艳莹 . 运用变异理论促进学习更好发生的路径探析: 基于北京市海淀区变异教学改革实验 [J]. 中国教育学刊, 2014 (10): 68.

[45] 李重光 . 音乐理论基础 [M]. 北京: 人民音乐出版社, 2001.

[46] 林生传 . 教育心理学 [M]. 台北: 五南图书出版社, 2007.

[47] 蔺新茂, 毛振明 . 体育教学内容论 [M]. 北京: 北京体育大学出版社, 2014.

[48] 蔺新茂 . 体育课程内容简论: 兼对《"体育课程内容、体育教材内容、体育教学内容" 内涵解析》一文商榷 [J]. 体育教学, 2017 (7): 49 – 51.

［49］卢敏玲. 变易理论和优化课堂教学［M］. 合肥：安徽教育出版社，
2011.

［50］卢敏玲. "课堂学习研究"对香港教育的影响［J］. 开放教育研究，
2005，11（3）：84－89.

［51］卢敏玲，庞永欣. 课堂学习研究：如何照顾学生个别差异［M］. 北京：
教育科学出版社，2006.

［52］马飞龙. 什么是好的教学：就中国教师关心的问题访问马飞龙教授
［J］. 人民教育，2009，8：38－40.

［53］毛振明，李忠诚. 论选择体育教学内容的依据、原则与方法［J］. 中国
学校体育，2010（3）：15－18.

［54］毛振明. 论体育教材的选编［J］. 天津体育学院学报，2002，17（4）：
34－36.

［55］毛振明，毛振钢. 体育教学内容改革与新体育运动项目［M］. 北京：
北京体育大学出版社，2002.

［56］毛振明. 体育教学内容的分类方法［J］. 体育学刊，2002，9（6）：
8－11.

［57］Martens R. 成功运动教练学［M］. 陈文诠，黎俊彦，温富雄，等译.
台北：艺轩图书出版社，2004.

［58］潘绍伟. 2011 年版义务教育体育与健康课程标准的理论与实施系列
（五）如何建构基于课程标准的学校体育与健康课程［J］. 中国学校体
育，2013（3）：11－13.

［59］彭明辉. 现象图析学与变易理论［J］. 教育学报，2008，4（5）：33－
38.

［60］乔治·J. 波斯纳，艾伦·N. 鲁德尼茨基. 学程设计：教师课程开发指
南（第7版）［M］. 赵中建，等译. 上海：华东师范大学出版社，
2010.

[61] R. S. Peters. 伦理学与教育 [M]. 简成熙, 译, 台北: 联经出版社, 2017.

[62] 尚力沛, 程传银. 基于学科核心素养的体育学习情境: 创设、生成与评价 [J]. 沈阳体育学院学报, 2019, 38 (2): 78 – 85.

[63] 邵伟德, 武超, 李启迪. 对体育课程若干概念指称的再思考: 与贾齐的深化讨论 [J]. 体育与科学, 2012, 33 (3): 113 – 117.

[64] 施良方. 课程理论: 课程的基础、原理与问题 [M]. 北京: 教育科学出版社, 1996.

[65] 史兵. 田径教学的困惑与对策: 兼论体育教学内容改革 [J]. 体育文化导刊, 2004 (8): 49 – 51.

[66] 宋陆陆, 李笋南. 大中小学篮球技术教学内容衔接问题的研究 [J]. 广州体育学院学报, 2016, 36 (5): 125 – 128.

[67] 孙利红. 体育教师课堂语言失范的表现、成因及矫正 [J]. 教育理论与实践, 2012, 32 (5): 34 – 35.

[68] 王灿明. 情境: 意涵、特征与建构: 李吉林的情境观探析 [J]. 教育研究, 2020, 41 (9): 81 – 89.

[69] 王崇喜, 刘卫峰. 中小学 "2 +1 项目" 足球教学内容体系的构建 [J]. 体育学刊, 2007, 14 (2): 95 – 98.

[70] 王崇喜, 孙涛. 大中小学足球教学内容衔接问题研究 [J]. 成都体育学院学报, 2007, 33 (3): 107 – 110.

[71] 王海燕, 杨斌胜, 赖勤. 复合反馈对普通高校体育教学影响的实证研究 [J]. 北京体育大学学报, 2015, 38 (4): 90 – 97.

[72] 王荣生. 语文课程与教学内容 [M]. 北京: 教育科学出版社, 2015.

[73] 王涛. 体育课程与教学的理论和实践: 北京师范大学贾齐教授访谈录 [J]. 体育与科学, 2014, 35 (2): 39 – 43.

[74] 王文科. 课程与教学论 (第七版) [M]. 台北: 五南图书出版社,

1999.

[75] 王宗平，庄惠华. 大学体育教学内容适应性发展的思考 [J]. 体育与科学，1999，20 (3)：53－55，58.

[76] 希尔伯特·迈尔. 课堂教学方法·理论篇 [M]. 上海：华东师范大学出版社，2011.

[77] 项亮宏. 中、美体育课不同教学内容的比较分析和反思 [J]. 现代中小学教育，2013 (2)：93－95.

[78] 辛涛，姜宇. 基于核心素养的基础教育评价改革 [J]. 中国教育学刊，2017 (4)：12－15.

[79] 阳艺武，王琳，黄彩虹，等. 中国学校体育教材内容体系的创新思路研究：基于国外 CPE 课程及教材的思考与启示 [J]. 北京体育大学学报，2017，40 (3)：72－78.

[80] 杨丽华. 论学校体育教学内容的结构 [J]. 北京体育大学学报，2000，23 (4)：535－537.

[81] 杨小明. 高中体育专项化教学改革的理论与实践探索 [J]. 西安体育学院学报，2019，36 (3)：364－368.

[82] 叶玉珠，高源令，修慧兰，等. 教育心理学 [M]. 台北：心理出版社，2003.

[83] 于素梅. 走进新课标，确定新内容：如何合理把握新课标对不同水平段提出的教学内容建议（一） [J]. 中国学校体育，2013 (4)：55－58.

[84] 于振峰，吴晓丽. 普通高校篮球课程内容资源的开发与应用 [J]. 首都体育学院学报，2011，23 (4)：323－327.

[85] 俞红珍. 课程内容、教材内容、教学内容的术语之辨：以英语学科为例 [J]. 课程·教材·教法，2005，25 (8)：49－53.

[86] 约翰·D. 布兰斯福特，安·L. 布朗，罗德尼·R. 科金，等. 人是如

何学习的：大脑、心理、经验及学校 [M]. 程可拉，孙亚玲，王旭卿，译. 上海：华东师范大学出版社，2002.

[87] 张传燧，邹群霞. 学生核心素养及其培养的国际比较研究 [J]. 课程·教材·教法，2017，37（3）：37 –44.

[88] 张戈，蔺新茂. 我国体育教学内容沿革分析 [J]. 体育文化导刊，2016（7）：131 –135.

[89] 张赫，唐炎. 美国 2013 版《K –12 体育教育标准》的特征及启示 [J]. 沈阳体育学院学报，2015，34（2）：115 –119.

[90] 张洪潭. 从体育本质看体育教学 [J]. 体育与科学，2008，29（2）：81 –86.

[91] 张磊. 基于变易理论的体育教学内容分析及其设计策略 [J]. 北京体育大学学报，2015，38（6）：95 –101.

[92] 张磊. 体育课程与教学内容领域若干核心概念辨正 [J]. 体育学研究，2021，35（6）：63 –69.

[93] 张细谦. 从国外体育教学内容的演进看我国体育教学内容的改革 [J]. 体育与科学，2002，23（2）：10 –12.

[94] 张细谦. 体育课程与教学论 [M]. 广州：广东高等教育出版社，2013.

[95] 郑葳，王大为. 生态学习观：一种审视学习的新视角 [J]. 心理科学，2006，29（4）：913 –915.

[96] 植佩敏，马飞龙. 如何促进学生学习：变易理论与中国式教学 [J]. 人民教育，2009（8）：33 –35.

[97] 中华人民共和国教育部. 普通高中体育与健康课程标准（2017 年版）[M]. 北京：教育科学出版社，2018.

[98] 朱光潜. 我们对于一棵古松的三种态度：实用的、科学的、美感的 [J]. 语文新圃，2003，（1）：26 –27.

[99] 朱利荣. 中小学体育课堂教学内容与教学方法有效衔接的实践研究

[J]. 体育教学, 2016 (2): 27 –29.

[100] 朱伟强. 基于标准的课程设计: 开发表现性评价 [J]. 课程·教材· 教法, 2007, 36 (10): 43 –48.

[101] 佐藤正夫. 教学论 [M]. 钟启泉, 译. 北京: 教育科学出版社, 2001.

[102] Ertmer P A, Newby T J. Behaviorism, cognitivism, constructivism: comparing critical features from an instructional design perspective [J]. Performance Improvement Quarterly, 2013, 26 (2): 50 –72.

[103] Hackling M W, Flairbrother R W. Helping students to do open investigations in science [J]. Australian Science Teacher Journal, 1996, 42 (4), 26 –33.

[104] Marton F, Booth S. Learning and Awareness [M]. Mahwah, New Jersey: Lawrence Erlbaum Associates Publishers, 1997.

[105] Marton F. Sameness and difference in transfer [J]. Journal of the Learning, Sciences, 2006, 15 (4): 499 –535.

[106] Ryan C D. Authentic Assessment [M]. Westminister, Calif: Teacher Created Materials, 1994.

[107] Silvia P J. Interest and interests: the psychology of constructive capriciousness [J]. Review of General Psychology, 2001 (5): 270 –290.

[108] Wiggins G, McTighe J. Understanding by Design Professional Development Workbook [M]. Alexandria, VA: ASCD, 2004.

后　记

体育教学内容是体育课程与教学体系中最为重要的核心要素，直接决定着中国式现代化体育课程与教学体系的建构质量，关系着教育立德树人根本任务的落实。新时代新征程上，以习近平新时代中国特色社会主义思想为指导，全面贯彻党的教育方针，全面提升体育教学质量，全面促进学生身心健康素养发展，培养德智体美劳全面发展的社会主义建设者和接班人，需要进一步强化、深化、细化对体育教学内容的学理性分析、规律性认识和实践性指引。

针对当前体育教学内容理论认知和实践探索中存在的多重困惑、迷失和误区，本书基于变易学习理论的新视角，聚焦并着力回答体育教学内容"是什么""如何做"两大重要问题。一方面，从理论阐释层面揭示体育教学内容领域中客观、普遍存在的"变易"现象，并挖掘这些"变易"现象背后的内在机理及其类型；另一方面，从实践操作层面，提出基于体育教学内容变易特性及其主要类型的优化设计策略。

随着本书《基于变易学习理论的体育教学内容研究》的顺利完稿和即将出版，我的心情十分激动，首先，我要特别感谢学界诸多专家、学者的专业引领和支持帮助。在本书酝酿、构思、写作、修改、定稿的过程中，您们给予了我诸多直接、间接的启发和指导，书中参考、借鉴和引用了您们多项研究成果的深刻洞见，在此一并深表感谢！另外，在引用和标注的过程中难免有一些疏漏之处，也恳请您们给予批评和指正！

其次，我要重点感谢我所在单位广州体育学院的领导和同事们，在本书撰写、修改、出版的过程中，为我提供的研究便利、专业指导和经费支持。我也要重点感谢经济科学出版社各位编辑的辛勤付出，为您们在书稿校对和完善过程中表现出的专业、高效和严谨点赞。我还要着重感谢阅读本书的所有读者朋友。作为阶段性的研究成果，本书还存在诸多的不足之处，有待后续进一步完善相关研究。再加之本人研究能力、时间精力等条件所限，书中疏漏、不妥甚至错误之处在所难免，在此也恳请各位读者朋友给予批评和指正。

最后，未来我将继续努力，潜心治学，为建构中国特色体育课程与教学自主知识体系"大厦"添砖加瓦。再次感恩、感谢、感激在此过程中所有关心我、支持我、帮助我、引领我的良师益友。

张磊

2024 年 7 月